Förschle/Kroner/Mandler

Internationale Rechnungslegung: US-GAAP, HGB und IAS

Wirtschaft in der Praxis

Internationale Rechnungslegung: US-GAAP, HGB und IAS

von

WP/StB Dr. Gerhart Förschle
Dipl.-Kfm. Matthias Kroner
Dr. Udo Mandler

unter Mitarbeit von

Dipl.-Kffr. Bettina Hehn
RA/StB Dr. Kai Sauerwein

Economica Verlag

Die Deutsche Bibliothek – CIP-Einheitsaufnahme

Förschle, Gerhart:
Internationale Rechnungslegung : US-GAAP, HGB und IAS /
von Gerhart Förschle ; Matthias Kroner ; Udo Mandler. Unter
Mitarb. von Bettina Hehn ; Kai Sauerwein. – Bonn :
Economica Verl., 1994
(Wirtschaft in der Praxis)
ISBN 3-87081-484-5
NE: Kroner, Matthias:; Mandler, Udo:

Satz: Gottemeyer, Leonberg
Druck: Weihert-Druck GmbH, Darmstadt

Papier: hergestellt aus 100 % chlorfrei gebleichten Faserstoffen

ISBN 3-87081-484-5

Inhaltsübersicht

Inhaltsverzeichnis

Inhaltsverzeichnis

Verzeichnis der Abbildungen

Verzeichnis der Tabellen

Kurzglossar

Accrued liabilities	Rückstellungen
Accounts payable	Verbindlichkeiten, Kreditoren
Accounts receivable	Forderungen, Debitoren
Additional paid-in capital	Kapitalrücklagen
Balance sheet	Bilanz
Buildings	Gebäude
Cash and cash equivalents	Flüssige Mittel
Common stock	Stammkapital, Grundkapital
Consolidated financial statements	Konzernabschluß
Current assets	Kurzfristige Aktiva bzw. Umlaufvermögen
Current liabilities	Kurzfristige Verbindlichkeiten
Deferred income taxes	Latente Steuern
Depreciation	Abschreibung
Disclosure	Offenlegung
Expense	Aufwand
Income statement	Gewinn- und Verlustrechnung
Intangible assets	Immaterielle Vermögensgegenstände
Inventories	Vorräte
Land and land improvements	Grundstücke
Liabilities	Verbindlichkeiten
Long-term debt	Langfristige Verbindlichkeiten
Machinery and equipment	Maschinen, technische Anlagen, Geschäftsausstattung
Net income	Jahresüberschuß
Operating income	Betriebsergebnis
Pension plans	Pensionspläne
Preferred stock	Vorzugsaktienkapital
Prepaid expenses	Rechnungsabgrenzung (aktivisch)
Property, plant and equipment	Sachanlagen
Retained earnings	Gewinnrücklagen
Revenue	Ertrag
Securities	Wertpapiere
Short term borrowings	Kurzfristige Kreditverbindlichkeiten
Stockholders' equity	Eigenkapital

TEIL I

US-amerikanische Rechnungslegung

Kap. A

Börsenzulassung und Rechnungslegung in den USA

Die amerikanische Bilanzierungswelt

Stark vereinfachend lassen sich zwei Bilanzierungswelten unterscheiden, die sich durch unterschiedliche Rechtstraditionen, finanzwirtschaftliche und steuerrechtliche Rahmenbedingungen sowie Unternehmensphilosophien unterscheiden: Neben der kontinentaleuropäischen Bilanzierungswelt mit Deutschland als maßgeblichem Vertreter steht die anglo-amerikanische Bilanzierungswelt, in der die *Generally Accepted Accounting Principles* der USA (US-GAAP) eine herausragende Rolle spielen.

In den USA hat die Finanzierung über den Kapitalmarkt große Bedeutung, ein Umstand, der sich u. a. in hohen Eigenkapitalquoten amerikanischer Unternehmungen niederschlägt. Die US-GAAP sind daher stärker auf den Investor und weniger auf den Gläubiger zugeschnitten. Der US-Abschluß hat in erster Linie die Aufgabe, (aktuellen und potentiellen) Investoren entscheidungsrelevante Informationen zur Verfügung zu stellen („*decision usefulness*“) und diese so zu präsentieren, daß ein möglichst sicherer Einblick in die finanzwirtschaftliche Unternehmenslage möglich ist („*fair presentation*“). Andere Rechnungslegungszwecke (z. B. Gläubigerschutz) treten dementsprechend zurück.

Die anglo-amerikanische Rechtstradition des common law gibt lediglich einen Rahmen vor, innerhalb dessen sich Einzelfallrecht (case law) entwickeln kann. Die amerikanischen Bilanzierungsvorschriften sind nur in geringem Maße gesetzlich kodifiziert, der weitaus größte Teil wurde im Wechselspiel zwischen wirtschaftsprüfenden Berufsverbänden (*CAICPA*), privaten Fachorganisationen (*FASB*), den Bilanzerstellern sowie der Börsenaufsichtskommission (*SEC*) entwickelt.

Handelsbilanz und Steuerbilanz sind in den USA in weitaus geringerem Maße miteinander verknüpft als nach deutschem Recht: Der Grundsatz der Maßgeblichkeit (bzw. umgekehrte Maßgeblichkeit) ist dort praktisch unbekannt, die Bedeutung der Bilanzierung latenter Steuern entsprechend groß.

Offenlegung und Prüfung

Eine gesetzliche Pflicht zur Offenlegung und Prüfung von Jahresabschlüssen besteht nach amerikanischem Recht nicht. Die SEC verlangt allerdings die Prüfung und Publizität jener Unternehmungen, die Wertpapiere an der Börse emittieren. Die US-GAAP sind daher für US-Publikumsgesellschaften verbindlich, obwohl diesen Regelungen Gesetzeskraft fehlt. Da die amerikanischen Wirtschaftsprüfer ihrerseits verpflichtet sind, auch bei freiwilligen Prüfungen die Einhaltung der Accounting Principles zu prüfen, können die US-GAAP als die allgemeinverbindlichen Rechnungslegungsvorschriften der USA bezeichnet werden.

Normensetzende Institutionen

Die Börsenaufsicht SEC (*Securities and Exchange Commission*) wurde 1934 im Gefolge der Weltwirtschaftskrise gegründet. Neben ihrer Funktion als Überwachungs- und Registrierungsbehörde für den nationalen Wertpapierhandel greift sie über Verordnungen auch in den Bereich der Rechnungslegung ein. Bedeutsam sind die *Regulations S-X* und *S-K*, die den Rahmen der Bilanzierung abstecken (Jahresabschlußform, -inhalt und -prüfung) sowie die ergänzenden Verlautbarungen *Accounting Series Releases* (ASR). Die Ausarbeitung detaillierter Normen überläßt die SEC allerdings i. d. R. der berufsständischen Organisation FASB.

Das 1973 gegründete FASB (*Financial Accounting Standards Board*) setzt sich aus Vertretern der Wirtschaft, der Wissenschaft und der Wirtschaftsprüfer zusammen und hat bislang weit über 100 *Statements of Financial Accounting Standards* (SFAS) erlassen, die um zahlreiche *Interpretations* und *Technical* Bulletins ergänzt wurden. Weiterhin Gültigkeit besitzen die vor Gründung des FASB erlassenen *APB-Opinions*.

Wesentliche Rechnungslegungsunterschiede

US-Jahresabschlüsse unterliegen weitaus geringeren Form- und Gliederungsvorschriften als deutsche; dort gilt der Grundsatz „substance over form". Obligatorischer Bestandteil des Jahresabschlusses ist eine Kapitalflußrechnung (*statement of cash flows*) sowie eine Gewinnverwendungsrechnung (*statement of retained earnings*). Nicht der Einzel-, sondern der Konzernabschluß ist der maßgebliche Abschluß, an dem sich auch die Ausschüttungsentscheidungen orientieren.

Im Hinblick auf die Bewertung dominiert der Grundsatz der „fair presentation" und überlagert das Vorsichtsprinzip. Die Bewertungsregeln müssen deshalb aber nicht generell auf eine vergleichsweise hohe Ausschüttung gerichtet sein: Auch für die US-Rechnungslegung gilt (mit einer geringfügigen Ausnahme) das Anschaffungskostenprinzip als Höchstwertprinzip der Aktivseite; die Rückstellungsbildung muß nicht notwendigerweise gegen den deutschen Vorsichtsgrundsatz verstoßen.

Im Detail weisen die US-GAAP eine Vielzahl von Unterschieden im Vergleich zur deutschen Rechnungslegung auf. Diese beginnen bei der Bewertung von Wertpapieren des Umlaufvermögens, reichen über die Teilgewinnrealisierung bei Projektfortschritt (percentage of completion method) bis zum Bilanzierungsverbot für Aufwandsrückstellungen. Bei den immateriellen Vermögensgegenständen zeigen sich ebenso Unterschiede wie bei den Bilanzierungskriterien des capital lease oder den Konsolidierungspflichten, wie in den einzelnen Hauptabschnitten dieser Studie aufzuzeigen sein wird.

Der Gang an die Wallstreet

Die Börsennotierung an der *New York Stock Exchange* (NYSE) bzw. der *American Stock Exchange* (AMEX) unterliegt zum einen den Bestimmungen der SEC, die als nationale Registrierungs- und Überwachungsbehörde für den Wertpapierhandel auftritt, aber auch den Zulassungsvorschriften der einzelnen Börsen, wobei NYSE und AMEX weitgehend einheitliche Zulassungsbedingungen aufweisen.

Plant eine ausländische Gesellschaft, die erstmalige Registrierung mit einer öffentlichen Emission (public offering) zu verbinden, so müssen der SEC eingereicht und offengelegt werden:

- die (geprüften) konsolidierten Bilanzen der letzten zwei Jahre,
- die (geprüften) konsolidierten Gewinn- und Verlustrechnungen der letzten drei Jahre,
- Veränderungen im Eigenkapital während der letzten drei Jahre,
- ausgewählte Unternehmensdaten der letzten 5 Jahre.
- Liegt zum Zeitpunkt der Registrierung durch die SEC das Ende des Geschäftsjahres mehr als 10 Monate zurück, so ist ein (ungeprüfter) Zwischenabschluß erforderlich.

Von dem Erfordernis der Bilanzierung nach US-GAAP kann abgewichen werden, wenn die Unterschiede zwischen den ausländischen Vorschriften und US-GAAP dargelegt werden und der nach ausländischen Vorschriften ermittelte Cash-Flow den Angaben nach US-GAAP im wesentlichen entspricht. In diesem Fall ist lediglich eine Überleitung (*reconciliation*) wichtiger Jahresabschlußposten erforderlich.

Für die Zulassung an den einzelnen Börsen gelten zusätzliche, gesonderte Bestimmungen. Ausländische Gesellschaften, die Wertpapiere an der NYSE begeben wollen, müssen

1. hinsichtlich ihres Stammkapitals bestimmte Größenkriterien erfüllen (z. B. aggregierter Marktwert der Aktien weltweit mind. $ 100 Mio.),
2. im Heimatland die volle Dollarkonvertibilität aufweisen,
3. bestimmte Kriterien im Hinblick auf die Unternehmensverfassung aufweisen (für deutsche AGs weitgehend unproblematisch),
4. eine halbjährliche Zwischenberichterstattung vornehmen.

Als besonders vorteilhaft hat sich der Marktzugang mittels ADRs (*American Depositary Receipts*) erwiesen. Hierbei handelt es sich um Zertifikate, die Rechte aus Aktien ausländischer Gesellschaften verbriefen. ADRs werden von einer US-Depotbank ausgestellt, gleichzeitig werden die entsprechenden Aktien bei einer als Treuhänderin agierenden Bank (i. d. R. im Heimatland) hinterlegt.

Kap. B

Bilanz

I. Bilanzgliederung

Bilanzierungsvorschriften: §§ 246, 247, 266 HGB

Grundlagen

Der deutschen Bilanzierungstradition entsprechend wird die Bilanz als Gegenüberstellung von Vermögensgegenständen und Schulden angesehen, eine Darstellung, die Hinweise auf die Schuldendeckungsfähigkeit des Aktivkapitals liefert. Die Bilanz ist in Kontoform aufzustellen und nach zunehmender Liquidierbarkeit zu gliedern. Für große und mittelgroße Kapitalgesellschaften gilt dabei der Schemazwang des § 266 HGB.

Bilanzgliederung

Aktiva	**Passiva**

A. Ausstehende Einlagen
B. Aufwendungen für die Ingangsetzung und Erweiterung des Geschäftsbetriebs
C. Anlagevermögen
  I. Immaterielle Vermögensgegenstände
  II. Sachanlagen
  III. Finanzanlagen
D. Umlaufvermögen
  I. Vorräte
  II. Forderungen und sonstige Vermögensgegenstände
  III. Wertpapiere
  IV. Schecks, Kassenbestand, Bundesbank- und Postgiroguthaben, Guthaben bei Kreditinstituten
E. Rechnungsabgrenzungsposten
	A. Eigenkapital
	  I. Gezeichnetes Kapital
	  II. Kapitalrücklage
	  III. Gewinnrücklagen
	  IV. Gewinnvortrag/Verlustvortrag
	  V. Jahresüberschuß/-fehlbetrag
	B. Sonderposten mit Rücklageanteil
	C. Rückstellungen
	D. Verbindlichkeiten
	E. Rechnungsabgrenzungsposten

Abb. 1: Bilanzgliederung nach HGB („Kleinformat")

Bilanzierungsvorschriften: Reg. S-X, Rule 5-02

Grundlagen

Traditionell hat die Bilanz im Vergleich zur Gewinn- und Verlustrechnung in den USA nur eine nachrangige Bedeutung. Aufgabe der US-Bilanz ist es, aktuellen und potentiellen Anlegern entscheidungsrelevante Informationen zur Beurteilung ihres Anlagerisikos zu liefern („decision usefulness“).

Die Bilanz kann in Konto- oder Staffelform aufgestellt werden, üblich ist die Staffelform. Auffällig ist die Gliederung nach abnehmender Liquidierbarkeit.

Bilanzgliederung

Assets	**Liabilities and Stockholders' Equity**
Current assets Cash and cash equivalents Marketable securities Accounts receivable Inventories Deferred income tax asset Prepaid expenses	Liabilities Current liabilities Short term borrowings Current portion of long-term debt Accounts payable Income taxes Other accrued liabilities
Property, plant and equipment Land and land improvements Buildings Machinery and equipment	Long-term debt (less current portion) Deferred income taxes Postretirement benefits other than pensions Other liabilities
Intangible assets Long term investments Other assets	Stockholders' equity Preferred stock Common stock Additional paid-in capital Retained earnings

Abb. 2: Bilanzgliederung nach US-GAAP

Bilanzierungsvorschriften: §§ 247 II, 248 II, 255 IV HGB
erg. Vorschr.: HFA 1/1992

Ansatz

Immaterielle Vermögensgegenstände, die entgeltlich erworben wurden, sind zu aktivieren. Für nicht entgeltlich erworbene oder selbst erstellte immaterielle Vermögensgegenstände besteht ein Ansatzverbot (§ 248 II HGB). Ein Wahlrecht gibt es lediglich beim derivativen Geschäfts- oder Firmenwert (§ 255 IV S. 1 HGB; steuerrechtlich Aktivierungspflicht).

Bewertung

Für die Bewertung gelten die allgemeinen Bewertungsgrundsätze, wie das Anschaffungskostenprinzip, gemildertes Niederstwertprinzip etc. Die Abschreibung erfolgt regelmäßig linear über die betriebsgewöhnliche Nutzungsdauer.

Der Geschäfts- oder Firmenwert ist demgegenüber grundsätzlich in Höhe von mind. 25 % – beginnend mit dem auf den Erwerb folgenden Geschäftsjahr – abzuschreiben. Alternativ kann der Geschäfts- oder Firmenwert auch linear über die betriebsgewöhnliche Nutzungsdauer abgeschrieben werden; die Wahl dieser Abschreibungsmethode ist im Anhang entsprechend zu begründen (§ 285 Nr. 13 HGB). Steuerrechtlich ist nur eine lineare Abschreibung über 15 Jahre zulässig. Innerhalb des Konzernabschlusses (§ 309 I HGB) wird darüber hinaus auch die Verrechnung mit den Rücklagen gestattet.

Die Bilanzierung eines negativen Geschäfts- oder Firmenwertes ist nur im Zusammenhang mit der Konzernrechnungslegung gesetzlich geregelt (§ 309 II HGB). Im Einzelabschluß ist hier die Bildung einer Rückstellung möglich.

Für Forschungs- und Entwicklungskosten besteht grundsätzlich keine Möglichkeit der Aktivierung. Über den Unternehmensbereich Forschung und Entwicklung ist im Lagebericht Auskunft zu erstatten (§ 289 II HGB).

→ IAS 9: RESEARCH AND DEVELOPMENT COSTS

Bilanzierungsvorschriften: APB-17; SFAS No. 2, 44, 72
erg. Vorschr.: FASB Interpret.-9

Ansatz

Für entgeltlich erworbene immaterielle Vermögensgegenstände – einschließlich des Geschäfts- oder Firmenwertes – besteht eine Aktivierungspflicht. Bei selbsterstellten immateriellen Vermögensgegenständen wird ein Aktivierungswahlrecht eingeräumt (APB Opinion 17, SEC S-X), wenn nach vernünftiger kaufmännischer Beurteilung eine über die Berichtsperiode hinausgehende wirtschaftliche Vorteilhaftigkeit (Nutzenpotential) des immateriellen Vermögensgegenstandes erwartet werden kann und die Kosten der Herstellung durch zukünftige Erträge gedeckt werden können.

Bewertung

Aktiviert werden entgeltlich erworbene immaterielle Vermögensgegenstände zu ihren Anschaffungskosten. Die Abschreibung erfolgt für gewöhnlich linear (straight-line method) und ist auf höchstens 40 Jahre begrenzt. Bei Ausübung des Aktivierungswahlrechtes für selbsterstellte, immaterielle Vermögensgegenstände sind die Anschaffungs- bzw. Herstellungskosten auf die Kosten der Erlangung und Sicherung der Nutzungsrechte (z. B. Kosten der Anmeldung und Eintragung als Patent) beschränkt.

Eine Verrechnung des derivativen Geschäfts- oder Firmenwertes (goodwill) mit den Rücklagen ist nicht zulässig. Für die Behandlung eines negativen Geschäfts- oder Firmenwertes wird vorgeschlagen, zunächst die Bilanzwerte des Anlagevermögens – mit Ausnahme der börsengängigen Wertpapiere – proportional zu vermindern (ggf. bis auf Null). Gelingt es nicht, den negativen Unterschiedsbetrag zu kompensieren, ist in einem nächsten Schritt ein entsprechender Abgrenzungsposten zwischen den Positionen der liabilities und dem stockholders' equity zu passivieren. Dieser Passivposten soll planmäßig – längstens 40 Jahre – aufgelöst werden.

Forschungs- und Entwicklungskosten (research and development costs) werden grundsätzlich in der Periode ihres Entstehens erfolgswirksam verrechnet (SFAS No. 2). Im Rahmen der Entwicklung und Vermarktung von Computer-Software gelten abweichende Regelungen (SFAS No. 86).

Bilanzierungsvorschriften: §§ 247 I-II, 248, 253, 255, 269, 282 HGB

Ansatz

Es besteht Aktivierungspflicht für alle materiellen Vermögensgegenstände, die dazu bestimmt sind, dem Unternehmen über die einzelne Rechnungslegungsperiode hinaus zu dienen (§ 247 II HGB).

Ferner ist die Aktivierung von Aufwendungen für die Ingangsetzung- und Erweiterung des Geschäftsbetriebes zulässig (Bilanzierungshilfe; § 269 HGB). Deren Ansatz ist mit einer Ausschüttungssperre verknüpft. Aufwendungen, die im Zusammenhang mit der Unternehmensgründung oder der Eigenkapitalbeschaffung entstehen, unterliegen einem Aktivierungsverbot (§ 248 I HGB).

Bewertung

Die Anschaffungs- und Herstellungskosten (AHK) stellen die absolute Bewertungsobergrenze dar. Bei den Herstellungskosten ist handelsrechtlich nur die Aktivierung der Einzelkosten (Teilkostenansatz) zwingend; angefallene Gemeinkosten können aktiviert werden (zum Umfang der AHK vgl. Abb. 3, 4). Der Mindestansatz der Herstellungskosten nach den steuerrechtlichen Vorschriften umfaßt dagegen auch Teile der Gemeinkosten.

Vermögensgegenstände des Sachanlagevermögens, deren Nutzung zeitlich begrenzt ist, sind planmäßig abzuschreiben (§ 253 II HGB). Außerplanmäßige Abschreibungen auf einen niedrigeren beizulegenden Stichtagswert sind vorzunehmen, sofern es sich um eine voraussichtlich dauernde Wertminderung handelt. Bei einer lediglich vorübergehenden Wertminderung dürfen nur Finanzanlagen außerplanmäßig abgeschrieben werden; das sonstige Anlagevermögen hingegen nicht (§ 253 II S. 3 i.V.m. § 279 I S. 2 HGB). Das handelsrechtliche Wertaufholungsgebot für Kapitalgesellschaften (§ 280 I HGB) kann durch steuerliche Vorschriften außer Kraft gesetzt werden (§ 280 II HGB). In diesem Fall besteht eine Erläuterungspflicht.

Fremdkapitalzinsen dürfen aktiviert werden, wenn das Fremdkapital zur Herstellung eines Vermögensgegenstandes dient und die angefallenen Fremdkapitalkosten auf den Zeitraum der Herstellung dieses Vermögensgegenstandes entfallen (§§ 255 III, 284 II Nr. 5 HGB).

Die aktivierten Aufwendungen für die Ingangsetzung des Geschäftsbetriebes und dessen Erweiterung sind ab dem der Aktivierung folgenden Geschäftsjahr zu mindestens 25 % abzuschreiben (vgl. § 282 HGB).

→ **IAS 4:** DEPRECIATION ACCOUNTING
→ **IAS 16:** PROPERTY, PLANT AND EQUIPMENT
→ **IAS 23:** BORROWING COSTS

Bilanzierungsvorschriften: ARB-43 Chpt. 9A, 9C; APB-6, 12; SFAS No. 34, 93

Ansatz

Zu den „noncurrent assets" („fixed assets") zählen all jene Teile des materiellen Vermögens, die dazu bestimmt sind, dem Unternehmen über das einzelne Wirtschaftsjahr bzw. den „operating cycle" hinaus zu dienen. Nach den US-GAAP kann ein Geschäftsbzw. Wirtschaftsjahr (operating cycle) ein Kalenderjahr überschreiten.

Die Position „noncurrent assets" enthält lediglich die betriebsnotwendigen Teile des materiellen Anlagevermögens. Alle anderen – nicht betriebsnotwendigen – Vermögensgegenstände sind unter den „other assets" auszuweisen.

Aufwendungen für die Ingangsetzung des Geschäftsbetriebes und dessen Erweiterung (start-up costs) gehören zu den „deferred charges".

Bewertung

Die Aktiva werden wie im deutschen Bilanzrecht höchstens mit den historischen Anschaffungs- und Herstellungskosten des Erwerbszeitpunktes bilanziert (historical cost principle). Die Herstellungskosten umfassen dabei sämtliche dem Vermögensgegenstand zurechenbaren Kosten (Vollkostenbasis, vgl. Abb. 3).

Die Abschreibungspraxis (planmäßige und außerplanmäßige Abschreibungen) entspricht grundsätzlich der deutschen.

Fremdkapitalkosten sind, soweit es sich um „qualifying assets" handelt, sowohl im Zusammenhang mit der Anschaffung, wie auch der Herstellung aktivierungspflichtig (SFAS No. 34). Als „qualifying assets" werden Vermögensgegenstände bezeichnet, die im Unternehmen selbst genutzt werden oder die im Rahmen von Großprojekten entstehen und nach deren Fertigstellung verkauft oder vermietet (Leasing) werden sollen. Eine weitergehende Verrechnung von Fremdkapitalzinsen bei der Anschaffung oder Herstellung von Vermögensgegenständen (z. B. Vorräte aus Serien- oder Massenproduktion oder auch bei Handelswaren) ist nicht möglich.

Bilanzierungsvorschriften: Leasingerlasse der Finanzverwaltung

Grundlagen

Die Bilanzierung von Leasinggeschäften ist im HGB nicht geregelt. Der wirtschaftlichen Betrachtungsweise folgend ist der Leasinggegenstand bei dem jeweiligen „wirtschaftlichen Eigentümer" zu bilanzieren. Dies kann – je nach Vertragsgestaltung – der Leasinggeber oder Leasingnehmer sein. Im allgemeinen greift man bei der handelsbilanziellen Beurteilung auf die steuerlichen Leasingerlasse der Finanzverwaltung zurück. Diese Erlasse behandeln das Mobilien- und Immobilienleasing jeweils in den Formen des Vollamortisations- und Teilamortisationsleasings.

Letzlich bedarf es einer Vielzahl von Kriterien (z. B.: Verhältnis zwischen Vertragsdauer und betriebsgewöhnlicher Nutzungsdauer), um über die bilanzielle Zuordnung von Leasingobjekten endgültig zu entscheiden. Aufgrund der steuerlichen Vorteile werden die Leasingverträge meist so ausgestaltet, daß die Leasingobjekte dem Leasinggeber zuzurechnen sind.

Wird das Leasingobjekt dem Leasingnehmer zugerechnet, so hat der Leasinggeber die Differenz zwischen den Anschaffungs- bzw. Herstellungskosten des Leasingobjektes und der Leasingforderung über die Mietdauer erfolgswirksam zu verteilen.

→ IAS 17: ACCOUNTING FOR LEASES

Bilanzierungsvorschriften: SFAS No. 13, 22, 23, 27-29, 91, 98
erg. Vorschr.: FASB Interpret.-19, 23, 24, 26, 27

Grundlagen

Für die Bilanzierung von Leasingtransaktionen liegen nach US-GAAP umfangreiche Regelungen vor; handelsbilanzielle und steuerliche Behandlung sind streng voneinander getrennt. Unterschieden wird zwischen „capital lease“ und „operating lease“. Operating lease entspricht einer mietvertraglichen Ausgestaltung; demgemäß hat die Aktivierung bei dem Leasinggeber zu erfolgen. Eine Aktivierung bei dem Leasingnehmer ist dagegen vorzunehmen, wenn capital lease vorliegt.

Capital Lease

Capital lease liegt im allgemeinen dann vor, wenn mindestens eine der nachfolgenden Bedingungen erfüllt ist:

(1) das rechtliche Eigentum geht nach Ablauf des Leasingvertrags auf den Leasingnehmer über;

(2) der Leasingvertrag enthält eine günstige Kaufoption für den Leasingnehmer;

(3) die Grundmietzeit beträgt mindestens 75 % der Nutzungsdauer des Leasinggegenstandes;

(4) der Barwert (present value) der Mindestleasingzahlungen erreicht am Beginn der Grundmietzeit mindestens 90 % des Zeitwertes (fair value) des Leasingobjektes.

In diesen Fällen wird angenommen, daß die wesentlichen mit dem Eigentum zusammenhängenden Chancen und Risiken auf den Leasingnehmer übergehen. Der Leasingnehmer hat daher den Gegenstand zu aktivieren und in gleicher Höhe eine Verbindlichkeit auszuweisen. Als Wertansatz ist der Gegenwartswert der Leasingraten anzusetzen.

Handelt es sich bei dem Leasinggegenstand um ein (bebautes oder unbebautes) Grundstück), so kommen bei der Beurteilung als capital lease nur die beiden ersten Voraussetzungen zur Anwendung.

Die Abschreibung des Leasingobjektes erfolgt entweder über die Dauer der Grundmietzeit oder über die wirtschaftliche Nutzungsdauer. Für die Leasingparteien bestehen umfangreiche Informationspflichten in den notes (Anhang).

Bilanzierungsvorschriften: §§ 247 II, 253 I, 271, 279 I HGB
erg. Vorschr.: HFA 3/1991

Ansatz

Bilanzierung von Anteilen, Beteiligungen, Wertpapieren und Ausleihungen bei voraussichtlich dauernder Zugehörigkeit (§ 247 II HGB).

Bewertung

Grundsätzlich sind die Bilanzposten des Finanzanlagevermögens im Erwerbszeitpunkt und zu einem späteren Zeitpunkt mit den Anschaffungskosten zu aktivieren. Abschreibungen auf einen niedrigeren beizulegenden Stichtagswert (z. B. niedrigerer Börsen- oder Marktpreis) sind auch dann möglich, wenn die Wertminderung nicht von Dauer ist (§ 253 II S. 3 i.V.m. 279 I S. 2 HGB).

Eine Bewertung von Beteiligungen nach der Equity-Methode ist nur im Konzernabschluß zulässig.

Bei Ausleihungen besteht ein Abzinsungsgebot, sofern eine Niedrigverzinslichkeit vorliegt oder eine Verzinsung völlig fehlt und keine entsprechende Gegenleistung existiert.

→ **IAS 25:** ACCOUNTING FOR INVESTMENTS

Bilanzierungsvorschriften: ARB-43 Chpt. 3A; APB-18; SFAS No. 94, 115

Ansatz

Mit der Verabschiedung des Statement No. 115 wird die Bilanzierung und Bewertung von Wertpapieren umfassend geändert. Von der Vorschrift werden erfaßt: (1) eigenkapitalverbriefende Wertpapiere („equity securities"), die einen feststellbaren „fair value" haben und (2) sämtliche fremdkapitalverbriefende Wertpapiere („debt securities"). Zu unterscheiden sind drei Kategorien von Wertpapieren:

a) **trading:** *„equity" und „debt securities"*, die zum alsbaldigen Wiederverkauf erworben wurden;

b) **available-for-sale:** *„equity" und „debt securities"*, die weder eindeutig zum dauernden Verbleib im Unternehmensvermögen bestimmt sind, noch mit der Absicht des alsbaldigen Wiederverkaufs erworben wurden;

c) **held-to-maturity:** *„debt securities"*, die bis zu ihrer Fälligkeit im Unternehmensbesitz verbleiben sollen.

Das bilanzierende Unternehmen hat im Zeitpunkt des Erwerbs sowie zu jedem Bilanzstichtag aufs neue zu entscheiden, ob die vorgenommene Eingruppierung auch weiterhin Bestand hat. Andernfalls sind Umbuchungen (zu Marktwerten) vorzunehmen. Die Eingruppierung der Wertpapiere in „current" und „noncurrent assets" richtet sich nach ARB-43 Chpt. 3A.

Bewertung

Als Neuerungen – gegenüber dem bislang geltenden SFAS No. 12 – ist neben der erwähnten Unterteilung in Wertpapierkategorien die Einführung des „fair value" als Bewertungsmaßstab bei den Wertpapieren a) und b) zu nennen. Der fair value wird sich in aller Regel mit dem Börsen- oder Marktpreis decken.

Unterschiedlich ist die Behandlung von unrealisierten Gewinnen und Verlusten in den einzelnen Kategorien. Während diese bei den trading-Wertpapieren immer erfolgswirksam zu verrechnen sind, ergeben sich bei den beiden anderen Wertpapierkategorien abweichende Vorgehensweisen. So sind z. B. nur vorübergehende Wertschwankungen bei den available-for-sale-Wertpapieren in einem gesonderten Eigenkapitalposten zu erfassen ohne ergebniswirksam zu werden. (Vergleiche die Darstellung in Abb. 6.)

Kann ein Unternehmen auf ein Beteiligungsunternehmen einen maßgeblichen Einfluß – widerlegbare Vermutung ab 20 % des Stimmrechtsanteils mittelbar oder unmittelbar – nehmen, so ist diese Beteiligung (investment) grundsätzlich nach der Equity-Methode zu bewerten (APB-18). Bei mehr als 50 % Stimmrechtsanteil ist demgegenüber eine Vollkonsolidierung vorzunehmen (SFAS No. 94). Wird von diesen Grundsätzen abgewichen und das Anschaffungskostenprinzip angewandt, besteht eine umfassende Begründungspflicht bzw. eine Beweispflicht zur Widerlegung der Vermutungen.

Bilanzierungsvorschriften: §§ 240, 241, 253, 255, 256 HGB
erg. Vorschr.: HFA 1/1981 i.d.F. 1990, 1/1990, 5/1991

Ansatz

Unter den Vorräten sind auszuweisen: Roh-, Hilfs- und Betriebsstoffe (RHB), unfertige und fertige Erzeugnisse sowie Handelswaren und geleistete Anzahlungen (vgl. § 266 II HGB).

Bewertung

Aktivierungspflichtig sind die gesamten Einzelkosten. Für die mit der Herstellung angefallenen Gemeinkosten besteht ein Aktivierungswahlrecht. Eine Einrechnung von Vertriebskosten in die Herstellungskosten (HK) ist generell nicht zulässig. Fremdkapitalkosten sind nur bedingt aktivierungsfähig (vgl. Teil I Abschnitt B.II.2. „Sachanlagevermögen").

Für das Umlaufvermögen gilt das strenge Niederstwertprinzip (§ 253 III HGB). Der Bewertungsrahmen wird nach oben durch die Anschaffungs- und Herstellungskosten (AHK) und nach unten durch den Börsen- oder Marktpreis bzw. beizulegenden Wert bestimmt. Dieser beizulegende Wert wird bei den RHB durch die Wiederbeschaffungskosten (beschaffungsmarktorientiert) konkretisiert. Bei den unfertigen und fertigen Erzeugnissen sowie den Handelswaren kommen die Wiederherstellungs- bzw. -beschaffungskosten zum Ansatz oder alternativ der – retrograd ermittelte – Netto-Veräußerungserlös (absatzmarktorientiert).

Als Bewertungsverfahren für das Vorratsvermögen sind Durchschnittsverfahren (§ 240 IV HGB) sowie die Fifo- oder Lifo-Methode (§ 256 HGB) zulässig. RHB können auch mit einem Festwert aktiviert werden (§ 240 III HGB).

Das Realisationsprinzip verbietet im allgemeinen eine Teilgewinnrealisierung im Rahmen der langfristigen Fertigung, solange keine abrechenbaren Teilleistungen erbracht werden. Im Regelfall wird die Gewinnrealisierung damit vollständig in das Geschäftsjahr verlegt, in dem der Risikoübergang stattfindet (completed-contract method). Bei Großprojekten mit einer Projektdauer von mehr als 24 Monaten sind allerdings Teilgewinnrealisierungen zulässig, sofern abrechnungsfähige Teilleistungen vorliegen und eine insgesamt gewinnbringende Abwicklung als sicher gilt.

→ **IAS 2:** INVENTORIES
→ **IAS 11:** CONSTRUCTION CONTRACTS

Bilanzierungsvorschriften: **ARB-43 Chpt. 4; SEC 50502-6;**
erg. Vorschr.: FASB Interpret.-1
zur langfr. Fertigung: ARB-45; AICPA SOP 81-1; SFAS No. 34, 42; SEC 50502-3

Ansatz

Der deutschen Rechnungslegungspraxis weitgehend entsprechende Regelung.

Bewertung

Als Bewertungsverfahren sind die Lifo- oder Fifo-Methode sowie das Durchschnittsverfahren anerkannt. Wird das Niederstwertprinzip angewandt, so sind – unter bestimmten Voraussetzungen – auch Gesamtbewertungen von Vorratsgruppen zulässig. Der Bilanzierende ist grundsätzlich gehalten, dasjenige Bewertungsverfahren zu wählen, das die periodengerechte Gewinnermittlung am weitestgehenden sicherstellt.

Werden die historischen AHK unterschritten, so sind entweder

a) die Wiederbeschaffungskosten (replacement or reproduction cost);
b) der niedrigere realisierbare Veräußerungswert (net realizable value) oder
c) dieser unter Abzug der üblichen Gewinnmarge

maßgeblich. Trotz des strengen Niederstwertprinzips („at lower of cost or market") ist c) die Wertuntergrenze, selbst wenn die Wiederbeschaffungkosten diesen Wert unterschreiten. Außerplanmäßige Abschreibungen sind in der GuV unter dem Materialeinsatz („cost of goods sold") auszuweisen. Kommt es in späteren Perioden zu einer Werterholung, besteht ein Wertaufholungsverbot.

Sofern aus einem schwebenden Beschaffungs- oder Absatzgeschäft höchstwahrscheinlich ein Verlust zu erwarten ist, muß dieser durch eine Rückstellung („contingent liability") vorweggenommen werden.

Anders als nach den deutschen Rechnungslegungsvorschriften sind nach den GAAP auch zurechenbare Material- und Fertigungsgemeinkosten (sowie Fremdkapitalkosten bei „qualifying assets") einbeziehungspflichtig. Sofern das Kriterium direkter Zurechenbarkeit bei den Verwaltungskosten erfüllt ist, soll eine Aktivierung erfolgen. Vertriebskosten gehören nicht zu den HK.

Durch die Dominanz des Prinzips der periodengerechten Gewinnermittlung (matching principle) werden Gewinne, die im Zusammenhang mit langfristiger Fertigung (ARB-45) entstehen, nach dem jeweiligen Fertigstellungsgrad anteilmäßig vereinnahmt (percentage-of-completion method). Die Teilgewinnrealisierung kann auch dann erfolgen, wenn die Projektdauer zwar 12 Monate nicht überschreitet, zwischen dem Beginn der Herstellung und der Fertigstellung des Vermögensgegenstandes jedoch ein Bilanzstichtag liegt (zur Berechnung der anteiligen Gewinnrealisierung vgl. Abb. 5). Anfallende Verluste sind nach den US-GAAP unverzüglich erfolgswirksam zu berücksichtigen.

Ermittlung der Herstellungskosten

	Ansatz nach HGB			Ansatz nach GAAP		
	Pflicht	Wahlrecht	Verbot	Pflicht	Wahlrecht	Verbot
Materialeinzelkosten	•			•		
Fertigungseinzelkosten	•			•		
Sondereinzelkosten der Fertigung	•			•		
Materialgemeinkosten		•		•		
Fertigungsgemeinkosten		•		•		
Wertverzehr des Anlagevermögens		•		•		
Verwaltungskosten		•				
Aufwendungen für						Solchen Kosten fehlt der eindeutige Bezug zur Herstellung
• soziale Einrichtungen des Betriebs		•				
• freiwillige soziale Leistungen		•				
• betriebliche Altersversorgung		•				
Vertriebskosten			•			•
Fremdkapitalkosten		•		• nur bei sog. „qualifying assets“		

Abb. 3: Ermittlung der Herstellungskosten nach HGB und US-GAAP

Ermittlung der Anschaffungskosten

Istaufwendungen
- zum Erwerb eines Vermögensgegenstandes
- zur Herstellung der Betriebsbereitschaft

\+
Nebenkosten (soweit einzeln zuordenbar) **und nachträgliche Anschaffungskosten**

./.
Anschaffungskostenminderungen
(Skonti, Rabatte, Boni, sonstige Preisnachlässe)

= **Anschaffungskosten nach HGB**

\+
Fremdkapitalzinsen, soweit einzeln zurechenbar und „qualifying assets" vorliegen

= **Anschaffungskosten nach US-GAAP**

Abb. 4: Ermittlung der Anschaffungskosten nach HGB und US-GAAP

Ermittlung der Teilgewinnrealisierung

bis zum Bilanzstichtag angefallene (Ist)Kosten / prognostizierte Gesamtkosten des Projektes	×	geschätzter Gesamt gewinn	–	bisherige Gewinn-realisierung	=	**Gewinn-realisierung zum Bilanzstichtag**

Abb. 5: Berechnung der anteiligen Gewinnrealisierung zum Bilanzstichtag bei langfristiger Fertigung nach US-GAAP

Bilanzierungsvorschriften: §§ 246, 247 I, 253 I, 268 IV HGB

Ansatz

Auszuweisen sind hier Forderungen aus Lieferungen und Leistungen, Forderungen gegenüber verbundenen Unternehmen (§ 271 II HGB) sowie Forderungen gegenüber Beteiligungsunternehmen (§ 271 I HGB) und sonstige Vermögensgegenstände.

Bewertung

Forderungen und sonstige Vermögensgegenstände sind grundsätzlich mit ihren Anschaffungskosten bzw. ihrem Nennbetrag anzusetzen. Sie unterliegen dem strengen Niederstwertprinzip und dem Einzelbewertungsgrundsatz. Forderungen, für die keine Einzelabwertung vorzunehmen ist, können im Wege der Pauschalabwertung (als Berücksichtigung des allgemeinen Forderungsausfallrisikos) mit ihrem niedrigeren beizulegenden Wert angesetzt werden.

Mit ihrem Barwert sind Forderungen dann zu aktivieren, wenn eine Kaufpreisforderung längerfristig un- oder unterverzinslich gestundet wird. Der Barwert entspricht hier dem Barverkaufspreis und die Differenz zum höheren Verkaufserlös (Umsatzerlös in der GuV) dem Zinsanteil. Dieser ist anteilig über die Stundungsdauer erfolgswirksam zu verteilen.

Wird ein un- oder unterverzinsliches Darlehen gewährt, sind die Anschaffungskosten der Darlehensforderung durch den Auszahlungsbetrag determiniert. Ob am Bilanzstichtag eine Wertberichtung vorgenommen werden muß, bestimmt sich aufgrund des strengen Niederstwertprinzips (oder gemilderten NWP; sofern es sich um Ausleihungen handelt).

Die DM-Anschaffungskosten nicht kursgesicherter Fremdwährungsforderungen ergeben sich im Zeitpunkt der Erstverbuchung durch Umrechnen mit dem Geldkurs. Spätere Kursänderungen sind nur dann wertberichtigend zu berücksichtigen, wenn die DM-Anschaffungskosten unterschritten werden. Bei Kurssicherung stehen – durch den Terminkurs – die DM-Anschaffungskosten der Fremdwährungsforderungen über den gesamten Zeitraum ihrer Aktivierung fest.

→ IAS 13: PRESENTATION OF CURRENT ASSETS AND CURRENT LIABILITIES

Bilanzierungsvorschriften: ARB-43 Chpt. 1A, 3A; SFAS No. 5

Ansatz

Forderungen, deren Laufzeit ein Wirtschaftsjahr bzw. den „operating cycle" unterschreitet, sind unter den „current assets" auszuweisen. Sofern Kundenforderungen über den operating cycle hinaus gestundet werden, ist eine anteilige Umgliederung zu den „non-current assets" vorzunehmen. Langfristige Forderungen stehen üblicherweise unter den non-current assets. Im Sinne der „fair presentation" kommt bei langfristigen Forderungen gegenüber Beteiligungsunternehmen auch ein Ausweis unter den „investments" in Frage.

Bewertung

Im Vordergrund steht der „net realizable value", also der im Zahlungszeitpunkt vermutlich erzielbare Geldbetrag. Dieser Wert entspricht dann dem Nennwert der Forderung, wenn an deren Werthaltigkeit keinerlei Zweifel bestehen. Ansonsten wird der Forderungsnennwert um einen Abschlag reduziert. Für die pauschale Wertberichtigung stehen drei Verfahren zur Auswahl. Bei der „percentage-of-sale method" wird die prozentuale Wertberichtigung bezogen auf die Umsatzerlöse (aus Zielverkäufen) der Periode ermittelt. Dabei gehen sowohl die Erkenntnisse aus den vergangenen Geschäftsjahren wie auch die Einschätzung der aktuellen Situation in die Kalkulation mit ein. Diese Vorgehensweise steht dem Prinzip der periodengerechten Ergebnisermittlung näher als die zweite – in Deutschland angewandte – Variante, die „percentage-of-outstanding-receivables method". Die dritte Methode berücksichtigt die Altersstruktur der Forderungen und wendet mit dem Alter steigende Wertberichtigungssätze an. Die ergebniswirksam verrechneten Wertberichtigungen können offen in der Bilanz von den Bruttoforderungen abgesetzt werden oder alternativ in den notes (Anhang) offengelegt werden, wobei dann lediglich der Netto-Forderungswert in der Bilanz zum Ausweis kommt.

Ein Nettoausweis der Forderungen kann dann erfolgen, wenn beim Verkauf Skonto gewährt wird und hinsichtlich der Inanspruchnahme Gewißheit besteht. Zulässig ist daneben auch der in Deutschland übliche Bruttoansatz.

Im US-amerikanischen Jahresabschluß erfolgt die Fremdwährungsumrechnung generell mit dem am Bilanzstichtag vorherrschenden Geldkurs. Diese Vorgehensweise widerspricht den deutschen Rechnungslegungsvorschriften.

Bilanzierungsvorschriften: §§ 247 I/II, 253 III, 255 I HGB

Ansatz

Zum Umlaufvermögen gehören Wertpapiere dann, wenn es sich weder um Beteiligungen, noch um langfristige Kapitalanlagen handelt. Besteht jedoch für Finanzanlagen eine (nachvollziehbare) Veräußerungsabsicht des Unternehmens, gehören diese zum Umlaufvermögen und sind entsprechend umzugliedern. Des weiteren sind „eigene Anteile" Wertpapiere des Umlaufvermögens.

Bewertung

Für Wertpapiere des Umlaufvermögens gilt das strenge Niederstwertprinzip (§ 253 III HGB).

Bilanzierungsvorschriften: ARB-43 Chpt. 3A; APB-18; SFAS No. 94, 115

Vergleiche grundlegend die Ausführungen unter den Financial Assets. Nachfolgende Abbildung 6 gibt einen Gesamtüberblick zur Bilanzierung und Bewertung der drei Wertpapierkategorien:

Kategorie	**trading**	**available-for-sale**	**held-to-maturity**
Bilanzierung	current assets	In Abhängigkeit von der Unternehmensstrategie kann es sich um current assets oder noncurrent assets handeln.	Im allgemeinen sind dies noncurrent assets. Bei Fälligkeit im folgenden Geschäftsjahr ist eine Umgliederung zu den current assets vorzunehmen.
Bewertung	fair value (i.d.R. Börsen- oder Marktpreis)		amortized cost (fortgeführte AK)
• **Grundsatz**	❶ Unrealisierte Gewinne und Verluste *werden* ergebniswirksam verrechnet.	❶ Unrealisierte Gewinne und Verluste werden nicht ergebniswirksam verrechnet. ❷ Ausweis der Wertschwankungen in einem gesonderten Eigenkapitalposten.	❶ Unrealisierte Gewinne und Verluste werden nicht ergebniswirksam verrechnet. ❷ Die Differenz zwischen den AK und dem Nominalwert des Schuldtitels ist ergebniswirksam auf dessen Laufzeit zu verteilen.
• **Ausnahme**		fair value < amortized cost	
		❶ vorübergehend (temporary) → siehe Grundsatz! ❷ nicht nur vorübergehend (other than temporary) → die Wertberichtigung wird ergebniswirksam; → es ist auf den niedrigeren fair value abzuschreiben: dieser wird neue Wertbasis;	
		→ Werterholungen sind in der gesonderten Eigenkapitalposition zu berücksichtigen. Dies gilt auch für später erneut auftretende nur vorübergehende Wertminderungen.	→ keine Wertaufholung zulässig.
Anhang	Angabe der Ergebniswirkung	umfangreiche Angaben erforderlich	

Abb. 6: Bilanzierung und Bewertung von Wertpapieren nach SFAS No. 115

Bilanzierungsvorschriften: § 247 I HGB

Ansatz

Unter dieser Bilanzposition sind der Kassenbestand an einheimischer und fremder Währung, Schecks sowie sämtliche Guthaben bei Bundesbank-, Postbank und Kreditinstituten auszuweisen.

Bewertung

Der Kassenbestand ist mit seinem Nennwert anzusetzen. Dies gilt ebenso für Bundesbank- oder Postbankguthaben. Schecks sowie Guthaben bei Kreditinstituten sind wie Forderungen zu bewerten.

Bei auf fremde Währung lautenden Geldmitteln (Sorten) kann nach den Vereinfachungsverfahren des § 256 HGB bewertet werden. Auf Fremdwährungsguthaben sind die Bewertungsgrundsätze für Fremdwährungsforderungen anzuwenden.

Bilanzierungsvorschriften: ARB-43 Chpt. 1A, 3A; SEC 50502

Ansatz

Zu den liquiden Mitteln gehören auch sog. „cash equivalents". Dies sind u. a. Wertpapiere, deren ursprüngliche Laufzeit drei Monate nicht übersteigt. Alle Verfügungsbeschränkungen sind in der Bilanz kenntlich zu machen. Im Gegensatz zu den deutschen Regelungen sind zweckgebundene liquide Mittel unter den „other assets" auszuweisen.

Bewertung

Grundsätzlich ist der Nennwert bzw. Gegenwartswert anzusetzen. Die US-amerikanischen Regelungen gestatten eine Verrechnung von kurzfristigen Bankverbindlichkeiten mit positiven Banksalden – auch wenn es sich um unterschiedliche Kreditinstitute handelt –, vorausgesetzt, die Verfügbarkeit über die Geldmittel ist nicht beschränkt. Sofern ein Bankkonto nicht nur als Kontokorrent, sondern auch für die Einräumung kurzfristiger Kredite genutzt wird, soll von der Saldierungsmöglichkeit kein Gebrauch gemacht werden. Der Sollsaldo soll dann als (kurzfristige) Bankverbindlichkeit ausgewiesen werden. Eine Saldierungsmöglichkeit der vorgenannten Art und Weise verstößt gegen das deutsche Saldierungsverbot (§ 246 II HGB).

Bilanzierungsvorschriften: §§ 250 I/III, 274 II HGB
erg. Vorschr.: SABI 3/1988

Ansatz

Aktivisch abzugrenzen sind Vorleistungen des Unternehmens, soweit es sich um Ausgaben vor dem Bilanzstichtag handelt, die aber erst nach diesem zu Aufwand werden (§ 250 I S.1 HGB). Charakteristisch für diese sog. transitorischen RAP ist ihre strikte Zeitraumbezogenheit.

Darüber hinaus gestattet das HGB den Ansatz eines aktiven RAP für:

a) Zölle, Verbrauchssteuern und Umsatzsteuer, wenn diese als Aufwand in der GuV verrechnet wurden und zu bilanzierten Vermögensgegenständen gehören (antizipative Vorleistungen; vgl. § 250 I S. 2 HGB);

b) das Disagio i.S.d. § 250 III HGB (steuerrechtliche Aktivierungspflicht);

c) aktivische Steuerabgrenzung, wenn der nach den steuerrechtlichen Vorschriften ermittelte Steueraufwand den der Handelsbilanz überschreitet und eine Kompensation dieses Steueranspruchs in nachfolgenden Geschäftsjahren zu erwarten ist (timing differences; vgl. § 274 II HGB).

Bei letztgenannter Abgrenzung handelt es sich um eine Bilanzierungshilfe. Der Posten ist im Anhang zu erläutern. In der Bilanz erscheint der Ausweis vor oder nach dem Rechnungsabgrenzungsposten unter entsprechender Bezeichnung sinnvoll. Soweit eine Steuerabgrenzung vorgenommen wird, löst dies eine Ausschüttungssperre aus. Innerhalb der Konzernrechnungslegung ergeben sich abweichende Ausweispflichten.

Bewertung

Rechnungsabgrenzungsposten sind für jeden Bilanzstichtag – nach dem Verhältnis der noch ausstehenden Gegenleistung zur gesamten Gegenleistung – neu zu berechnen.

Lediglich für das Disagio regelt das HGB eine planmäßige Verteilung des abgegrenzten Unterschiedsbetrages über die gesamte Laufzeit der entgegenstehenden Verbindlichkeit (vgl. § 250 III S. 2 HGB). Eine außerplanmäßige Abschreibung ist dann in Betracht zu ziehen, wenn die Verbindlichkeit vorzeitig ganz oder teilweise getilgt wird.

Bilanzierungsvorschriften: ARB-43 Chpt. 3A; SFAS No. 109

Ansatz

Die US-amerikanische Rechnungslegung unterscheidet nicht explizit zwischen Vermögensgegenständen und Rechnungsabgrenzungsposten. Das „matching principle" führt dazu, daß Aufwendungen, die für das Unternehmen über den einzelnen „operating cycle" hinaus vorteilhaft sind, aktiviert oder abgegrenzt werden. Zu den „deferred charges" zählen u. a. die aktiven latenten Steuern oder aber die Aufwendungen für die Ingangsetzung des Geschäftsbetriebes, wobei die Aktivierung solcher „start-up costs" nicht verbreitet ist (in Deutschland aktivierungsfähig als Bilanzierungshilfe). Ferner sind in den USA auch die Gründungskosten abzugrenzen, wenn die damit verbundenen zukünftigen Nutzenpotentiale tatsächlich bestehen oder zuverlässig geschätzt werden können. Soweit für das Unternehmen langfristig vorteilhafte Aufwendungen einer objektiven Bewertbarkeit nicht zugänglich sind, besteht ein Aktivierungsverbot. Dies gilt z. B. – analog der Auslegung des Vorsichtsprinzips in Deutschland – für Aufwendungen, die im Zusammenhang mit Werbemaßnahmen entstehen oder auch für die Forschungs- und Entwicklungskosten.

Der Bilanzansatz transitorischer RAP (z. B. Miet- oder Kfz-Steuervorauszahlungen) erfolgt innerhalb des Umlaufvermögens unter der Bezeichnung „prepaid expenses", soweit die Aufwendungen für einen Zeitraum angefallen sind, der ein Geschäftsjahr bzw. den „operating cycle" nicht überschreitet. Anderenfalls ist die Abgrenzung unter dem Posten „deferred charges" unterhalb des Anlagevermögens vorzunehmen.

Im Zusammenhang mit der Abgrenzung latenter Steuern (SFAS No. 109) wird auf die Darstellung unter den Deferred Income Taxes in Abschnitt VIII verwiesen.

Ein Disagio ist offen von der zugehörigen Darlehensverbindlichkeit abzusetzen und wird dieser über die Laufzeit verteilt zugeschrieben. Der Rückzahlungsbetrag der Darlehensverbindlichkeit erhöht sich damit jährlich in dem Maße, wie das Disagio aufwandswirksam wird.

Bewertung

Die aktivische Rechnungsabgrenzung im Umlaufvermögen („prepaid expenses") und Anlagevermögen („deferred charges") erfolgt zu den historischen Anschaffungs- und Herstellungskosten.

Die „prepaid expenses" sind im darauffolgenden Geschäftsjahr erfolgswirksam aufzulösen. Dagegen sind die „deferred charges" – im Gegensatz zu den deutschen Rechnungslegungsnormen – abzuschreiben. Sofern eine Nutzungsdauer bestimmbar ist, wird diese zugrunde gelegt, andernfalls sind auch Schätzungen zulässig. Gründungskosten werden meist innerhalb von 5 Jahren abgeschrieben; Aufwendungen für die Ingangsetzung des Geschäftsbetriebes und dessen Erweiterung innerhalb von (höchstens) 10 Jahren.

Innerhalb der aktiven Steuerabgrenzung kommt es dann zu einer Wertberichtigung, wenn die teilweise oder vollständige Realisierung der zukünftigen Steuerminderung fraglich ist. Eine Abzinsung von gebildeten latenten Steuern ist nicht zulässig.

Bilanzierungsvorschriften: §§ 247 I, 268, 272, 283 HGB; § 150 AktG; § 5 GmbHG

1. Gezeichnetes Kapital

Das gezeichnete Kapital stellt die mit ihrem Nennwert summierten ausgegebenen Aktien der AG/KGaA (auch: Grundkapital) bzw. die Summe der Stammeinlagen bei der GmbH (auch: Stammkapital) dar. Soweit das gezeichnete Kapital noch nicht voll eingezahlt ist, ist ein gesonderter Aktivposten für ausstehende und noch nicht eingeforderte Einlagen zu bilden; alternativ kann dieser Betrag offen von dem gezeichneten Kapital abgesetzt werden, wobei sich die Bezeichnung dann in „eingefordertes Kapital" ändert (§ 272 I HGB). Für die Kapitalgesellschaften in Form der AG und KGaA sind die unterschiedlichen Aktiengattungen gesondert anzugeben (§ 152 I S. 2 AktG).

2. Kapitalrücklage

Die Formen der Kapitalrücklage sind in § 272 II HGB geregelt. Zuführungen zur Kapitalrücklage erfolgen ausnahmslos mit Mitteln, die von außen in das Unternehmen einfließen. Weitere Bestimmungen, z. B. im Zusammenhang mit deren Auflösung finden sich daneben auch in den aktienrechtlichen Regelungen (§ 150 III, IV AktG).

3. Gewinnrücklagen

Gesetzliche Rücklage

Die Notwendigkeit der Bildung einer gesetzlichen Rücklage ergibt sich lediglich für die AG/KGaA (§ 150 I, II AktG). Auflösungsmöglichkeiten bestehen nur bedingt (§ 150 III, IV AktG).

Rücklage für eigene Anteile

Der Besitz eigener Anteile wird für Kapitalgesellschaften durch Gesetz beschränkt (§§ 56, 71 AktG; § 33 GmbHG). Werden eigene Anteile erworben, so sind diese im Umlaufvermögen unter den Wertpapieren zu bilanzieren. Auf der Passivseite ist gem. § 272 IV HGB eine betragsgleiche Rücklage für eigene Anteile zu bilden, die einer Ausschüttungssperre unterliegt.

Satzungsmäßige Rücklagen

Regelungen über die Bildung solcher Rücklagen ergeben sich aus den Statuten bzw. Gesellschaftverträgen der Unternehmen. Eine gesetzliche Auflösungbeschränkung existiert nicht.

Andere Gewinnrücklagen

Diese Bilanzposition bildet das „Sammelbecken" für jene Gewinnrücklagen, die nicht in die bisher behandelten Kategorien eingeordnet werden können. Die anderen oder freien Gewinnrücklagen werden ausschließlich durch thesaurierte Gewinne gespeist. Sie sind nicht von Ausschüttungsbeschränkungen betroffen. Der Unternehmensleitung der AG/KGaA wird per Gesetz (§ 58 II AktG) eine bedingte Ermächtigung zur Bildung von freien Gewinnrücklagen eingeräumt, ohne daß es dafür einer Zustimmung der Hauptversammlung bedarf.

Bilanzierungsvorschriften: ARB-6,10,12, 43; APB-12; SEC 50502-28ff.
erg. Vorschr.: Techn. Bulletin 85-6

Eine Gliederung des Eigenkapitals (stockholders' equity) nach US-GAAP zeigt nachfolgende Abbildung 7, wobei weitere Angaben zu den einzelnen Eigenkapitalposten im balance sheet oder alternativ in den notes offengelegt werden können.

Stockholders' Equity	Eigenkapital
• **Capital stock**	• **Gezeichnetes Kapital**
– (nonredeemable) preferred stock	– Vorzugsaktien ohne Kündigungsrecht
– common stock	– Stammaktien
• **Additional paid-in capital**	• **Kapitalrücklage**
• **Cumulative currency translation adjustments**	• **Umrechnungsdifferenzen**
• **Retained earnings**	• **Gewinnrücklagen**
• less cost of **Treasury stock**	• abzügl. **eigene Aktien** zu AK

Abb. 7: Gliederung des Eigenkapitals nach US-GAAP

1. Capital Stock (Gezeichnetes Kapital)

Vergleichbar zur deutschen Vorgehensweise werden auch nach den GAAP die einzelnen Aktiengattungen im Gesamtbetrag des Nennwertes separat ausgewiesen. Die Nennung der Stückzahlen wird meist unmittelbar in der Bilanz vorgenommen. Existieren Vorzugsaktien mit Kündigungsrecht (redeemable preferred stocks), so werden diese mit näheren Angaben direkt vor dem stockholders' equity ausgewiesen.

Vorzugsaktien, für die eine Kündigungsmöglichkeit besteht (redeemable preferred stocks), sind mit ihrem „fair value" bzw. Marktwert im Ausgabezeitpunkt anzusetzen. Ist dieser Buchwert geringer als der Rückzahlungsbetrag, so hat eine periodische Zuschreibung derart zu erfolgen, daß sich Buchwert und Rückzahlungsbetrag bei Fälligkeit gleichen.

2. Additional Paid-In Capital (Kapitalrücklagen)

Im Gegensatz zu den Kapitalrücklagen i.S.d. HGB können nach den GAAP auch Umbuchungen aus den retained earnings vorgenommen werden. Auf diese Weise können die Kapitalrücklagen im US-Abschluß auch thesaurierte Gewinne beinhalten.

3. Retained Earnings (Gewinnrücklagen)

Die retained earnings stellen grundsätzlich das gesamte Ausschüttungspotential der Gesellschaft dar. Sofern sie nicht durch Satzungsbestimmungen oder anderweitig einer Ausschüttungssperre unterliegen, sind sie frei verfügbar (die Gründe der Beschränkung und der Betrag sind in den notes offenzulegen). Über die Gewinnverwendung entscheidet allein der „board of directors". Die aufgrund der Gewinnverwendung zu zahlende Dividende wird (ab dem Datum der Ausschüttungsbekanntgabe) nicht mehr im Eigenkapital, sondern unter den Verbindlichkeiten (liabilities) ausgewiesen. Eine Gewinnverwendungsrechnung existiert als „statement of retained earnings" (vgl. S. 57). Materiell geht es um die Entwicklung der retained earnings.

4. Sonstige Eigenkapitalposten

Gewinn-/Verlustvortrag
Beschließt die Haupt- bzw. Gesellschafterversammlung einen bestimmten Betrag des Vorjahresergebnisses weder auszuschütten, noch den Rücklagen zuzuführen, so wird dieser als Gewinn (oder Verlust) auf neue Rechnung vorgetragen.

Jahresüberschuß/-fehlbetrag
Die Position Jahresüberschuß oder Jahresfehlbetrag ergibt sich aus der GuV entsprechend § 275 II Nr. 20 bzw. III Nr. 19 HGB und ist unverändert in die Bilanz zu übernehmen, soweit diese nicht unter teilweiser oder vollständiger Gewinnverwendung aufgestellt wird.

Bilanzgewinn/-verlust
Wenn die Bilanz unter Berücksichtigung der teilweisen oder vollständigen Verwendung des Jahresergebnisses aufgestellt wird, werden die Positionen Gewinn-/Verlustvortrag und Jahresüberschuß/-fehlbetrag durch den Bilanzposten Bilanzgewinn/Bilanzverlust ersetzt (§ 268 I HGB). Für die AG/KGaA ergibt sich aus § 158 I AktG zwingend die Erstellung einer Ergebnisverwendungsrechnung. Diese dient dazu, den Jahresüberschuß/-fehlbetrag nach einem vorgeschriebenen Schema in den Bilanzgewinn/-verlust überzuleiten.

Übersteigen die Schulden die Vermögenswerte und ist das Eigenkapital durch Verluste aufgezehrt, so muß der überschießende Betrag gem. § 268 III HGB auf der Aktivseite als „Nicht durch Eigenkapital gedeckter Fehlbetrag“ ausgewiesen werden.

4. Sonstige Eigenkapitalposten

Cumulative Currency Translation Adjustments

Bei der Konsolidierung von Fremdwährungsabschlüssen entstandene Umrechnungsdifferenzen werden jährlich fortgeschrieben und ebenfalls unter dem Eigenkapital dargestellt.

Treasury Stock

Befinden sich eigene Aktien (treasury stocks) im Unternehmensbesitz, dann werden diese direkt auf der Passivseite vom stockholders' equity offen abgesetzt, und zwar mit ihren Anschaffungskosten.

Bilanzierungsvorschriften: §§ 247 I, 249, 274 I HGB
erg. Vorschr.: HFA 2/1973 i.d.F. 1990; SABI 3/1988

Ansatz

Bei den Rückstellungen ist zwischen solchen zu unterscheiden, die einer Ansatzpflicht unterliegen und solchen, die lediglich passivierungsfähig sind. Die Pflichtrückstellungen gliedern sich in Verbindlichkeitsrückstellungen (§ 249 I S. 1 1. Hs. und S. 2 Nr. 2 HGB), Drohverlustrückstellungen (§ 249 I S. 1 1. Hs. HGB) und Aufwandsrückstellungen gem. § 249 I S. 2 Nr. 1 HGB.

Eine Verbindlichkeitsrückstellung ergibt sich ferner im Zusammenhang mit der passiven Steuerabgrenzung gem. § 274 I HGB. Ihr Ausweis ist möglich als gesonderte Position in der Bilanz, als „davon"-Vermerk unter den Steuerrückstellungen (vgl. § 265 V HGB) oder alternativ im Anhang. Zu passivieren ist aber stets nur dann, wenn eine spätere Kompensation absehbar ist (partial tax allocation).

Eine Auflösung von Rückstellungen kommt in jedem Falle nur dann in Frage, wenn der Grund für die Passivierung entfallen ist (§§ 249 III S. 2 sowie 274 I S. 2 HGB).

Bewertung

Rückstellungen, die nicht Pensionsverpflichtungen darstellen, sind mit ihrem nach kaufmännischer Beurteilung notwendigen Wert anzusetzen (vgl. § 253 I S. 2 HGB). Eine Abzinsung dieser Rückstellungen ist nur zulässig, soweit die ihnen zugrundeliegenden Verbindlichkeiten einen Zinsanteil enthalten.

→ IAS 10: CONTINGENCIES AND EVENTS OCCURING AFTER THE BALANCE SHEET DATE

Bilanzierungsvorschriften: **ARB-43 Chpt. 3A; SFAS No. 5; SEC 50502-26**
erg. Vorschr.: FASB-Interpr.-14

Ansatz

Die US-amerikanische Rechnungslegung kennt ausschließlich Pflichtrückstellungen. Eine Rückstellung kann nur dann gebildet werden, wenn die Schuld gegenüber einem Dritten besteht (Außenverpflichtungsgebot). Zu unterscheiden ist zwischen „accrued liabilities", das sind rechtlich bereits entstandene Verpflichtungen, über deren Höhe (oder die Person des Gläubigers) allerdings noch Ungewißheit besteht sowie „contingent liabilities", bei denen die Verpflichtung zum Bilanzstichtag zwar noch nicht eingetreten ist, die zukünftige Vermögensbelastung aber als wahrscheinlich gilt und deren Höhe feststeht oder zumindest objektiv geschätzt werden kann. Erstere sind am ehesten vergleichbar den hiesigen Verbindlichkeitsrückstellungen, während letztere neben den Drohverlustrückstellungen auch die rein wirtschaftlich bedingten Verpflichtungen (z. B. Garantie- oder Kulanzleistungen) erfassen.

Ist der das abgelaufene Geschäftsjahr betreffende Eintritt der zukünftigen Vermögensbelastung zwar nicht unbedingt wahrscheinlich, aber dennoch möglich, reicht eine entsprechende Offenlegung in den notes aus.

Die „deferred credits" dienen der passiven Rechnungsabgrenzung. Insbesondere gehören hierzu Rückstellungen für latente Steuerbelastungen (siehe ausführlicher Abschnitt VIII. „Deferred Credits/Taxes) und die Abgrenzung im voraus vereinnahmter Erträge.

Bewertung

Bei der Bemessung der Rückstellungshöhe ist der wahrscheinlichste Wert ausschlaggebend. Stehen mehrere gleichwahrscheinliche Werte zur Auswahl, kommt immer der niedrigste zum Ansatz. Eine Objektivierung wird erreicht, indem man sich auf Erfahrungen stützt oder statistisch abgesicherte Branchendurchschnittswerte verwendet.

Bilanzierungsvorschriften: §§ 247 I, 249 HGB, Art. 28 EGHGB
erg. Vorschr.: HFA 2/1988

Ansatz

Passivierungspflichtig sind alle direkten Neuzusagen, d. h. Rechtsansprüche, die von den Pensionsberechtigten nach dem 31.12.1986 erworben wurden. Soweit die Rechtsansprüche vor dem 01.01.1987 erworben wurden, gilt für diese sog. Altzusagen und deren Erhöhung nach dem 31.12.1986 lediglich ein Ansatzwahlrecht. Hat das Unternehmen seine Pensionsverpflichtungen auf eine Unterstützungskasse übertragen und ist deren Vermögen nicht ausreichend, um sämtliche Pensionsansprüche zu erfüllen, so verbleibt bei dem Unternehmen eine mittelbare Verpflichtung (Subsidiärhaftung) in Höhe des (ungedeckten) Differenzbetrages. Für diese mittelbaren Pensionsverpflichtungen sowie für mittel- und unmittelbare pensionsähnliche Verpflichtungen gilt generell ein Passivierungswahlrecht.

Unabhängig von der Art der Pensionsverpflichtung haben Kapitalgesellschaften eine betragsmäßige Ausweispflicht im Anhang (Art. 28 II EGHGB), sofern sie das Wahlrecht ausüben und nicht passivieren.

Bewertung

Pensionsverpflichtungen sind mit ihrem (quotierten) Barwert anzusetzen (§ 253 I S. 2 HGB). Im einzelnen hat der HFA in seiner Stellungnahme 2/1988 Bewertungsgrundsätze aufgestellt, die für alle Arten von Pensionsverpflichtungen sowie für pensionsähnliche Verpflichtungen gelten.

Unter Beachtung der GoB ergeben sich danach drei Anforderungen an ein Bewertungsverfahren:

a) Anzuwenden sind anerkannte Regeln der Versicherungsmathematik.

b) Laufende Renten- sowie Versorgungsverpflichtungen gegenüber ausgeschiedenen Anwärtern sind mit ihrem Barwert zu bewerten.

c) Soweit die Versorgungsanwärter noch tätig sind, soll die Mittelansammlung über ihre individuellen Aktivitätsperioden erfolgen. Der Vorzug wird dem Teilwertverfahren gegeben.

Als angemessener Zinssatz für die Barwertermittlung werden 3 bis 6 % p.a. angesehen. In der Steuerbilanz ist eine 6%ige Diskontierung vorgeschrieben (§ 6a EStG).

In Deutschland werden Pensionsrückstellungen nach dem Anwartschaftsdeckungsverfahren ermittelt.

Im Anhang offenzulegen sind die angewandten versicherungsmathematischen Grundlagen und der Kapitalisierungszinssatz.

→ **IAS 19:**	RETIREMENT BENEFIT COSTS
→ **IAS 26:**	ACCOUNTING AND REPORTING BY RETIREMENT BENEFIT PLANS

Bilanzierungsvorschriften: SFAS No. 87, 88, 106

Ansatz

Pensionsverpflichtungen unterliegen gem. SFAS No. 87 grundsätzlich einer Bilanzierungspflicht. Im Regelfall wird in den USA die Finanzierung der Pensionszusagen einem rechtlich selbständigen Pensionsfond (funded accrued pension cost) übertragen (Ausnahme: „postretirement benefits other than pensions"). Selten passivieren die Unternehmen selbst die Altersversorgungsverpflichtungen (unfunded accrued pension cost) als Pensionsrückstellungen. Es existieren jedoch auch Mischsysteme.

Mit dem Inkrafttreten des SFAS No. 106 erweitert sich die Bilanzierungspflicht auf sog. Pensionsnebenleistungen („postretirement benefits other than pensions"), die sowohl an ehemalige Mitarbeiter, wie auch an deren Familienangehörige gezahlt werden. Beispielhaft ist hier die Gesundheitsfürsorge – in Form einer Übernahme von Krankheitskosten (postretirement health care costs) oder die Kostenerstattung für Anwaltskosten – zu nennen. In den USA haben gerade diese Pensionsnebenleistungen eine immense wirtschaftliche Bedeutung für die Unternehmen, während sie in Deutschland aufgrund des andersartigen Sozialversicherungssystems praktisch vernachlässigbar sind. Für die erstmalige Anwendung von SFAS No. 106 hatten die Unternehmen die Wahl zwischen einer Verteilung der Kosten auf die Restdienstzeit, über einen Zeitraum von 20 Jahren oder einer einmaligen Aufwandsverbuchung in voller Höhe.

Die Ausweis- und Offenlegungspflichten im Rahmen der Versorgungspläne sind weitaus umfangreicher als nach deutschem Recht.

Bewertung

In den USA berechnet man die – aufgrund von leistungsorientierten Versorgungsplänen (defined benefit plans) entstandenen – Rentenverpflichtungen nach dem Anwartschaftsbarwertverfahren (unit credit method). Zu passivieren ist der versicherungsmathematische Barwert der erreichten („erdienten") planmäßigen Pensionsanwartschaft zum Bewertungsstichtag. Die Berechnung der Rückstellungen gem. SFAS No. 87 und SFAS No. 106 erfolgt dabei nahezu identisch.

Als Kapitalisierungszinsfuß ist die „settlement rate" anzusetzen. Dieser entspechen sowohl der aktuelle Kapitalmarktzins hochqualitativer festverzinslicher Wertpapiere zu diesem Stichtag als auch alternativ der Zinssatz, der sich aus den monatlichen Veröffentlichungen des amerikanischen Pensions-Sicherungs-Vereins entnehmen läßt.

Der jährliche Versorgungsaufwand (net pension cost; zur Berechnung vgl. Abb. 8) ist zu Beginn eines jeden Geschäftsjahres zu ermitteln (zur Ermittlung des Bilanzansatzes der Pensionsrückstellung am Ende des Geschäftsjahres vgl. Abb. 9).

Ermittlung des jährlichen Aufwandes für Pensionsverpflichtungen

\+ **Service cost** (dienstzeitabhängige Kosten)
Barwert des im laufenden Geschäftsjahr hinzuverdienten Versorgungsanspruchs (incl. Zinsanteil). Dieser Wert ist bei ausgeschiedenen Berechtigten und Ruheständlern 0.

\+ **Interest cost** (zinsabhängige Kosten)
Zinsen auf PBO* zu Beginn des Geschäftsjahres.

± **Amortization of initial net asset or net obligation upon adoption of SFAS No. 87**
Differenzbetrag bei erstmaliger Anwendung von SFAS No. 87 zwischen dem Anwartschaftsbarwert (PBO) und dem gemeinen Wert des Pensionsfondvermögens zzgl. der evtl. vorhandenen Pensionsrückstellung. Verteilung auf die durchschnittliche künftige Dienstzeit (alternativ mind. 15 Jahre).

± **Amortization of prior service cost**
Sofern sich aus Versorgungsplanänderungen zusätzliche Verpflichtungen (seltener Entlastungen) ergeben, können diese auf die künftigen Geschäftsjahre (durchschnittliche Restdienstzeit) verteilt werden.

± **Amortization of actuarial losses/gains**
Ergeben sich Abweichungen zwischen den tatsächlichen und den versicherungsmathematisch unterstellten Entwicklungen, können auch diese auf die künftigen Geschäftsjahre verteilt werden.

– **Return on plan assets**
Veränderung des gemeinen Vermögenswertes der im Pensionsfond angelegten Vermögensgegenstände während des Geschäftsjahres (= Erwartungswert). Sich einstellende Abweichungen werden als Gewinn oder Verlust behandelt.

= **Net periodic pension cost**

Abb. 8: Ermittlung des Versorgungsaufwandes des Geschäftsjahres nach SFAS No. 87

* Projected Benefit Obligation: Barwert der erreichten Anwartschaft, bezogen auf die voraussichtliche Bemessungsgrundlage bei Eintritt des Versorgungsfalles.

Bilanzansatz der Pensionsverpflichtungen

	Unfunded accrued pension cost, Jan. 01
+	net periodic pension cost (vgl. Abb. 8)
–	benefit payments (getätigte Rentenzahlungen)
=	**Unfunded accrued pension cost, Dec. 31** (Untergrenze ist die ABO*)

Abb. 9: Fortschreibung des Bilanzansatzes gem. US-GAAP

* Accumulated Benefit Obligation: Barwert der erreichten Anwartschaft, bezogen auf die Bemessungsgrundlage zum Bewertungszeitpunkt.

Temporary Differences

1. timing differences

1.1. deferred tax asset (deductible temporary differences)

- Aufwendungen und Verluste, die erst zu einem nach der handelsrechtlichen Erfassung liegenden Zeitpunkt das steuerbare Einkommen kürzen (z. B. Verpflichtungen aus der Produkthaftung oder aus der Krankheitskostenübernahme von Pensionären; Verlustvorträge).
- Erträge und Gewinne, die bereits vor ihrer handelsrechtlichen Erfassung steuerpflichtig sind (z. B. Mietvorauszahlungen sind in ihrer gesamten Höhe sofort steuerpflichtig).

1.2. deferred tax liability (taxable temporary differences)

- Aufwendungen und Verluste, die bereits vor ihrer handelsrechtlichen Erfassung das steuerbare Einkommen kürzen. (In den USA führen gerade die steuerlich kürzeren Nutzungsdauern zur passivischen Abgrenzung).
- Erträge und Gewinne, die erst zu einem nach der handelsrechtlichen Erfassung liegenden Zeitpunkt steuerpflichtig werden (z. B. Forderungen aus Teilzahlungsverkäufen; Teilgewinnrealisierung im Zusammenhang mit der langfristigen Fertigung).

2. andere temporary differences

- Abweichungen, die durch einen unterschiedlichen Wertansatz der Vermögensgegenstände und Verbindlichkeiten in der Handels- und der Steuerbilanz auftreten.

Abb. 10: Temporary differences gem. SFAS No. 109

VII. Verbindlichkeiten

Bilanzierungsvorschriften: §§ 247 I, 252 I, 253 I, 268 V, 285 HGB

Ansatz

Passiviert werden Verbindlichkeiten sowie Anleihen und erhaltene Anzahlungen auf Bestellungen. Verbindlichkeiten, deren Restlaufzeit ein Jahr nicht überschreitet, sind mit einem „davon"-Vermerk in der Bilanz auszuweisen (§ 268 V S. 1 HGB). Dagegen sind Verbindlichkeiten mit einer Restlaufzeit über 5 Jahren im Anhang anzugeben (§ 285 Nr. 1a HGB). In der Praxis hat sich die Erstellung eines Verbindlichkeitenspiegels und dessen Darstellung im Anhang durchgesetzt.

Für die erhaltenen Anzahlungen auf Bestellungen kommt eine Ausweispflicht unter den Verbindlichkeiten allerdings nur insoweit in Frage, wie sie nicht bereits bei den Vorräten offen abgesetzt wurden (§ 268 V S. 2 HGB).

Bewertung

Verbindlichkeiten sind zu ihrem Rückzahlungsbetrag anzusetzen (§ 253 I S. 2 HGB). Eine Abzinsung aufgrund von Unter- oder Unverzinslichkeit ist nicht zulässig.

Durch das Höchstwertprinzip auf der Passivseite sind Fremdwährungsverbindlichkeiten zum Bilanzstichtagskurs umzurechnen, wenn dieser aufgrund von Wechselkursschwankungen die historischen Anschaffungskosten der Verbindlichkeiten übersteigt. Der (unrealisierte) Verlust aus Währungsumrechnung wird antizipiert, während eine günstige, die Verbindlichkeit mindernde Wechselkursentwicklung zum Bilanzstichtag unberücksichtigt bleibt (§ 252 Abs. 1 Nr. 4 HGB).

→ **IAS 13: Presentation of Current Assets and Current Liabilities**

Bilanzierungsvorschriften: ARB-43 Chpt. 3A; APB-21, 26; SFAS No. 4, 47, 64, 76, 78

Ansatz

In der US-amerikanischen Rechnungslegung ist der Ausweis der einzelnen Bilanzpositionen eng mit ihrer Laufzeit bzw. Fälligkeit verknüpft. Kurz- und langfristige Verbindlichkeiten („current liabilities“ und „long-term debt“) erscheinen dementsprechend als eigenständige Bilanzpositionen. Werden Verbindlichkeiten, die grundsätzlich als langfristig gelten, anteilig innerhalb des nächsten Geschäftsjahres fällig, so hat unter den „current liabilities“ ein Ausweis in Höhe dieser Zahlungsverpflichtung als „current portion of long-term debt“ zu erfolgen.

Bewertung

Fremdwährungsverbindlichkeiten werden zum Bilanzstichtagskurs umgerechnet. Kurzfristige Verbindlichkeiten sind mit dem Rückzahlungsbetrag anzusetzen; langfristige Verbindlichkeiten werden zum Barwert passiviert. Nach den GAAP ist jedoch bei der Barwertberechnung außer der vereinbarten Verzinsung immer der adäquate Marktzinssatz zu berücksichtigen.

Bsp.: Wird z. B. eine Maschine derart erworben (AK 1000 GE), daß die Rechnung erst nach 3 Jahren zzgl. einer jährl. Verzinsung von 5 % (Marktzins 10 %) zu bezahlen ist, so ergibt sich im Zugangsjahr nachfolgende Bilanzierung (interest method):

Machine (Barwert: 1.157,63 GE bei 10%)	869,74 GE	Long-term debt	1.000,00 GE
Unamortized discount on long-term debt	287,89 GE	Deferred interest payable (vereinbarter Zinsaufwand bei 5%)	157,63 GE

oder alternativ in einer verkürzten Version:

Machine (Barwert: 1.157,63 GE bei 10%)	869,74 GE	Long-term debt	1.157,63 GE
		Less unamortized discount	287,89GE

Bei un- oder unterverzinslichen Verbindlichkeiten spricht man von einem „discount“, während überverzinsliche Verbindlichkeiten zu einem „premium“ führen. Unabhängig davon, ob die Differenz positiv oder negativ ist, muß diese (hier: „discount“ 287,89 GE) über die Laufzeit der Verbindlichkeit erfolgswirksam (Konto: Zinsaufwand) verrechnet werden.

Prinzipiell ist die Vorgehensweise bei der Buchung eines Disagios (debt discount) die gleiche wie bei den langfristigen Verbindlichkeiten. Entgegen der deutschen Rechnungslegung wird nicht aktivisch abgegrenzt. Das Disagio wird offen von dem Rückzahlungsbetrag abgesetzt und über die Laufzeit verteilt. Der jeweils periodisch aufgelöste Betrag wird der (Kredit-)Verbindlichkeit zugeschrieben.

Bilanzierungsvorschriften: §§ 250 II, 274 I HGB
erg. Vorschr.: SABI 3/1988

Ansatz

Passivisch abzugrenzen sind Vorleistungen an das Unternehmen, soweit es sich um Einnahmen vor dem Bilanzstichtag handelt, die aber erst für eine bestimmte Zeit nach diesem Tag zu Ertrag werden (§ 250 II HGB).

Im Unterschied zur aktiven Rechnungsabgrenzung wird der Begriff der „bestimmten Zeit" – auch bedingt durch das Vorsichtsprinzip – im Falle der passiven Rechnungsabgrenzung weniger restriktiv ausgelegt. So läßt z. B. die Steuerrechtsprechung einen passiven RAP auch dann zu, wenn der Zeitraum nach dem Abschlußstichtag lediglich bestimmbar ist; was auf eine ewige Rente zutrifft.

Für die passive Steuerabgrenzung ist eine Rückstellung zu bilden (§ 274 I HGB).

Bewertung

Analog zu den aktiven sind auch passive RAP einer Bewertung nicht zugänglich. Sie sind für jeden Bilanzstichtag – nach dem Verhältnis der noch selbst zu erbringenden Gegenleistung zur gesamten Gegenleistung – neu zu berechnen.

→ IAS 12: Accounting for Taxes on Income

Bilanzierungsvorschriften: APB-10, 23; SFAS No. 109
erg. Vorschr.: FASB-Interpret.-18

Ansatz

Das „matching principle" führt auch auf der Passivseite zum Ansatz sowohl von transitorischen als auch antizipatorischen Posten (hier: „deferred credits"). Abzugrenzen ist jedoch stets nur dann, wenn eine Verpflichtung gegenüber Dritten besteht.

Durch die Unabhängigkeit von Steuer- und Handelsrecht in den USA hat die Steuerabgrenzung dort eine im Vergleich zu Deutschland weitaus größere Bedeutung. Für aktivische und passivische latente Steuern besteht Bilanzierungspflicht („deferred tax assets and liabilities").

Grundlage für die Steuerabgrenzung sind die „temporary differences". Untergliedert werden diese in die „timing differences", das sind Unterschiede im steuer- und handelsrechtlichen Ergebnisausweis aufgrund abweichender Aufwands- und Ertragsrealisierung und die „other temporary differences". Letztere sind auf unterschiedliche Wertansätze in der Handels- und Steuerbilanz zurückzuführen (vgl. Abb. 10). Auschlaggebend für eine Aktivierung bzw. Passivierung ist neben dem sachlichen Aspekt der Zeithorizont. Sofern eine Kompensation der Ergebnisunterschiede nicht zu erwarten ist, mag zwar das Kriterium für eine „temporary difference" vorliegen, diese darf dann jedoch bilanziell nicht berücksichtigt werden. Beispielhaft hierfür ist der den steuerlichen Wertansatz überschießende handelsrechtliche Buchwert für eine (im Grunde dauerhafte) Beteiligung an einem ausländischen Tochterunternehmen oder Joint Venture zu nennen. Grundsätzlich verbietet sich hier eine Steuerabgrenzung. Besteht indes für die Beteiligung eine Veräußerungsabsicht, wird der Ausgleich im handels- und steuerrechtlichen Ergebnisausweis relevant und eine passivische Steuerabgrenzung erforderlich.

Hinsichtlich des Bilanzausweises als kurz- und langfristig folgen diese Abgrenzungsposten der Klassifizierung derjenigen Posten, die zu den „temporary differences" Anlaß gaben.

Die Offenlegungspflichten umfassen neben den gesamten „deferred assets/liabilities" und dem aktivischen Wertberichtigungsposten auch wesentliche Änderungen in der Zusammensetzung der „temporary differences" selbst sowie von Gewinn- und Verlustvorträgen.

Bewertung

Die Berechnung der abzugrenzenden latenten Steuern erfolgt – wie im deutschen Recht – nach der Liability-Methode, d.h. es kommt der zukünftige Steuersatz zur Anwendung (applicable tax rate).

Kap. C

Gewinn- und Verlustrechnung

I. Überblick

Bilanzierungsvorschriften: §§ 265, 275, 276, 277, 284, 285 HGB
erg. Vorschr.: SABI 1/1987 und 3/1988;
HFA 1/1985 i.d.F. 1990

Die GuV dient der Ermittlung des positiven oder negativen Erfolges des abgelaufenen Geschäftsjahres und soll einen Einblick in die Ertragslage des Unternehmens verschaffen. Für die AG/KGaA kann die GuV zusätzlich die Funktion der Gewinnverwendungsrechnung übernehmen. In diesem Fall wird der Jahresüberschuß/-fehlbetrag in den Bilanzgewinn/-verlust übergeleitet (§ 158 I AktG; alternativ Ausweis im Anhang).

Die Ergebnisermittlung kann entsprechend § 275 HGB entweder nach dem Gesamtkostenverfahren oder aber nach dem – international vorherrschenden – Umsatzkostenverfahren erfolgen. Zwingend ist jedoch die Staffelform. Das HGB schreibt den Kapitalgesellschaften eine Mindestgliederung vor, die allerdings abänderbar ist (§ 265 HGB, sowie § 340 c für Kreditinstitute), soweit dies dem besseren Verständnis dient und nicht der Generalnorm widerspricht. Für kleine und mittlere Kapitalgesellschaften bestehen in bezug auf den Umfang der Darstellung gewisse Erleichterungen (§ 276 HGB).

Bei einer Entscheidung für das Umsatzkostenverfahren verlangt § 285 Nr. 8 HGB zusätzliche Angaben im Anhang hinsichtlich des Material- und Personalaufwandes.

Für den nachfolgenden Vergleich wurde das Umsatzkostenverfahren gewählt, da dies das nach den US-GAAP einzig mögliche Gliederungsschema für US-amerikanische Jahresabschlüsse ist. Die für große Kapitalgesellschaften vorgeschriebene Mindestgliederung nach dem Umsatzkostenverfahren (§ 275 III HGB) findet sich in Abbildung 11.

→ **IAS 8:** NET PROFIT OR LOSS FOR THE PERIOD, FUNDAMENTAL ERRORS AND CHANGES IN ACCOUNTING POLICIES
→ **IAS 14:** REPORTING FINANCIAL INFORMATION BY SEGMENT
→ **IAS 18:** REVENUE

Bilanzierungsvorschriften: APB-9, 15, 30; SFAS No. 16, 48
erg. Vorschr.: SFAC 1, 5, 6;
SEC Rule 5-03 Regulation S-X

Die Gewinn- und Verlustrechnung gilt als der bedeutsamste Bestandteil des US-amerikanischen Jahresabschlusses, da sie den Investoren einen Einblick in die Ertragslage verschafft und somit in bezug auf die „operating activities“ Anhaltspunkte über die zukünftige Entwicklung des cash flows bietet.

Aufgestellt wird das „income statement“ (als weitere Bezeichnungen finden sich: statement of income, statement of earnings, profit and loss statement/account oder auch statement of operations) nach dem Umsatzkostenverfahren in Staffelform; allgemeinverbindliche Gliederungsvorschriften existieren nicht. Den Unternehmen wird damit ein Spielraum zugestanden, der dem Anliegen nach einer weitgehenden Vergleichbarkeit der Jahresabschlüsse unterschiedlicher Unternehmen wenig hilfreich ist. Dennoch hat die Erfolgsrechnung – nach SEC Regeln – einer gewissen Mindestanforderung zu entsprechen.

(Investitions-)Entscheidungsrelevante Informationen, die im income statement unterbleiben, müssen im Anhang (notes) gegeben werden. Im Vergleich zu den Gliederungsvorschriften des HGB sind die von US-amerikanischen Unternehmen veröffentlichten income statements eher knapp gehalten.

Gewinn- und Verlustrechnung

1. Umsatzerlöse
2. Herstellungskosten der zur Erzielung der Umsatzerlöse erbrachten Leistungen
3. **Bruttoergebnis vom Umsatz**
4. Vertriebskosten
5. allgemeine Verwaltungskosten
6. sonstige betriebliche Erträge
7. sonstige betriebliche Aufwendungen
8. Erträge aus Beteiligungen,
   – davon aus verbundenen Unternehmen
9. Erträge aus anderen Wertpapieren und Ausleihungen des Finanzanlagevermögens
   – davon aus verbundenen Unternehmen
10. sonstige Zinsen und ähnliche Erträge,
    – davon aus verbundenen Unternehmen
11. Abschreibungen auf Finanzanlagen und auf Wertpapiere des Umlaufvermögens
12. Zinsen und ähnliche Aufwendungen,
    – davon aus verbundenen Unternehmen
13. **Ergebnis der gewöhnlichen Geschäftstätigkeit**
14. außerordentliche Erträge
15. außerordentliche Aufwendungen
16. **außerordentliches Ergebnis**
17. Steuern vom Einkommen und vom Ertrag
18. sonstige Steuern
19. **Jahresüberschuß/Jahresfehlbetrag**

Abb. 11: GuV nach dem Umsatzkostenverfahren gem. § 275 III HGB

GuV nach US-GAAP

1. Net sales (Operating revenues)
2. Cost of sales (Cost of goods sold)
3. **Gross profit (Gross margin)**
4. Selling, general and administrative expenses
5. **Operating income/loss (Income from operations)**
6. Interest income
7. Interest expense
8. Other income
9. Other expenses
10. **Income/loss from continuing operations before income taxes**
11. Provision for income taxes (income taxes)
12. **Income/loss from continuing operations**
13. Noncontinuing items (all items net of tax)
    - Discontinued operations (less applicable income taxes of $ ...)
    - Extraordinary items (less applicable income taxes of $ ...)
    - Cumulative effect of changes in accounting principles (less applicable income taxes of $ ...)
14. **Net income/loss** (Net earnings)

Per share data:

Income from continuing operations

Noncontinuing items

- Extraordinary items
- Discontinued operations
- Cumulative effect of changes in accounting principles

Net income (Net earnings)

Abb. 12: Income statement incl. Earnings Per Share (EPS)

Bruttoergebnis vom Umsatz

Umsatzerlöse sind Erlöse aus der gewöhnlichen Geschäftstätigkeit des Unternehmens (§ 277 I HGB) unabhängig davon, ob es sich um ein Produktions-, Handels- oder Dienstleistungsunternehmen handelt. Der Ausweis erfolgt netto, d.h. unter Abzug von Erlösschmälerungen und der Umsatzsteuer.

Zu den **Herstellungskosten der zur Erzielung der Umsatzerlöse erbrachten Leistungen** (HKduL) gehören sämtliche Kosten, deren es zum Absatz der unternehmensspezifischen Leistung (Ware oder Dienstleistung) bedurfte. Sofern Produkte veräußert werden, deren Herstellung in zurückliegenden Geschäftsjahren erfolgte, sind deren Kosten ebenfalls im Jahr des Umsatzaktes zu erfassen. Die Kosten der auf Lager produzierten Güter (Bestandserhöhungen) werden demgegenüber aktiviert und sind nicht unter den HKduL zu erfassen.

Durch die funktionale Trennung des Umsatzkostenverfahrens in die Bereiche Herstellung, Vertrieb und allgem. Verwaltung sind unter den HKduL prinzipiell alle Kosten des Produktionsbereichs – auch bei periodenfremden Aufwendungen und Erträgen – zu erfassen. D. h. auch die Verwaltungskosten, Betriebssteuern sowie eventuell einbeziehbare Fremdkapitalkosten; jeweils soweit sie auf diesen Unternehmensbereich entfallen.

Ergebnis der gewöhnlichen Geschäftstätigkeit

Vertriebskosten unterliegen einem generellen Aktivierungsverbot (§ 255 II S. 6 HGB) und fließen deshalb vollständig in den Aufwand. Dies gilt unabhängig von ihrer Zurechenbarkeit. Wird der Vertrieb an außenstehende Unternehmen übertragen, sind auch die dafür geleisteten Zahlungen Vertriebskosten.

Zur Position **allgemeine Verwaltungskosten** gehören alle Verwaltungsaufwendungen, die weder den Herstellungskosten der umgesetzten Leistung (HKduL) noch den Vertriebskosten zurechenbar sind.

Sonstige betriebliche Erträge sind Erträge, die zwar nicht ungewöhnlich für das Unternehmen sind, sich jedoch von der eigentlichen (unternehmensspezifischen) Geschäftstätigkeit unterscheiden. Regelmäßig zählen hierzu Erträge aus dem Abgang von Anlagevermögen (auch Finanzanlagevermögen), aus der Auflösung von Rückstellungen oder des Sonderpostens mit Rücklageanteil (§ 281 II HGB) sowie der Verminderung der Pauschalwertberichtigung auf Forderungen. Zuschreibungen auf Gegenstände des Finanzanlagevermögens werden ebenfalls unter diesem Posten erfaßt.

In den GuV-Posten **sonstige betriebliche Aufwendungen** fließen all jene Aufwendungen, die nicht anderweitig einem Funktionsbereich zugeordnet werden konnten oder die im Falle des Teilkostenansatzes in der Bilanz nicht aktiviert wurden und auch nicht unter den HKduL ausgewiesen sind. Beispielhaft sind für diese Position die Abschreibung auf den Geschäfts- oder Firmenwert (§ 255 IV S. 2,3 HGB), Forschungs- und Entwicklungskosten sowie Einstellungen in den Sonderposten mit Rücklageanteil (§ 281 II HGB) zu nennen.

Gross Profit (Bruttoergebnis vom Umsatz)

Die **net sales** bzw. **operating revenues** erfassen analog zur deutschen Rechnungslegung die *Umsatzerlöse* aus der gewöhnlichen Geschäftstätigkeit unter Abzug der Erlösschmälerungen, wie Rabatte (allowances), Kundenretouren (returns), Skonto (cash discount) sowie der Ausgangsfrachten (freight), die häufig aber alternativ in den Vertriebskosten (selling expenses) ausgewiesen werden.

Als **cost of sales** sind aufgrund des zwingenden Vollkostenansatzes alle *Herstellungskosten* zu erfassen, die dem Produkt bzw. der Dienstleistung (direkt und indirekt) zurechenbar sind. Hierzu gehören auch anteilige, planmäßige Abschreibungen soweit sie auf die mit der Leistungserstellung verbundenen Anlagen entfallen sowie außerplanmäßige Abschreibungen bei den Vorräten. Die Höhe der cost of sales hängt u.a. entscheidend von dem angewandten Bewertungsverfahren ab.

Operating Income (Betriebsergebnis)

Das **operating income** ist ein Zwischenergebnis, daß es nach den Gliederungsvorschriften des § 275 HGB nicht gibt. Es resultiert aus dem gross profit abzgl. der periodenbezogenen Aufwendungen (period costs). Dazu zählen Aufwendungen, die zwar im Zusammenhang mit der Leistungserstellung bzw. der gewöhnlichen Geschäftstätigkeit des Unternehmens angefallen sind, aber nicht einzeln zugerechnet werden können. Welche Positionen im einzelnen auszuweisen sind, ist nicht geregelt. Im Grundsatz wird dies durch die sachliche und betragsmäßige Wesentlichkeit der Positionen bestimmt.

Als period costs kommen u.a. in Frage: **selling expenses** (Vertriebskosten), **administrative expenses** (allgem. Verwaltungskosten), **research and development expenses** (Forschungs- und Entwicklungskosten), **depreciation** (plan- und außerplanmäßige Abschreibungen auf das materielle Anlagevermögen), **provision for doubtful accounts and notes** (Einzel- und Pauschalwertberichtigung von zweifelhaften Forderungen und Wechselforderungen) aber auch **amortization of goodwill** (Abschreibungsaufwand des Geschäfts- oder Firmenwertes) oder **marketing costs** (Aufwendungen im Zusammenhang mit der Vermarktung der Produkte). Diese Aufzählung hat allerdings nur beispielhaften Charakter.

Nonoperating Income (Ergebnis der nicht unmittelbaren Betriebstätigkeit)

Das **nonoperating income** bzw. **income from continuing operations** umfaßt – ausgehend vom Betriebsergebnis – die Erträge und Aufwendungen aus anderen unternehmerischen Aktivitäten, die aufgrund ihres regelmäßigen Anfallens zur gewöhnlichen Geschäftstätigkeit gerechnet werden. Dazu zählt u. a. das Finanzergebnis. Ferner sind hierunter die Aufwendungen zu subsumieren, die nur eines der Kriterien der Außerordentlichkeit erfüllen; also entweder (nur) betriebsfremd oder (nur) selten sind. Ein Ausweis als Einzel- oder Sammelposition entscheidet sich auch hier nach der Wesentlichkeit.

Zu den **Erträgen aus Beteiligungen und Anteilen an verbundenen Unternehmen** gehören u. a. Dividenden und Gewinnzuweisungen aus Kapitalbeteiligungen an Personengesellschaften. Stammt der Ertrag aus einem verbundenen Unternehmen (§ 271 II HGB), so ist ein „davon-Vermerk" erforderlich. Sofern Grundlage der Ergebnisbeteiligung ein Gewinnabführungs- bzw. Teilgewinnabführungsvertrag oder eine Gewinngemeinschaft ist, ist ein gesonderter Posten (§ 277 III S. 2 HGB) in die GuV einzustellen.

Erträge aus anderen Wertpapieren und Ausleihungen des Finanzanlagevermögens sind solche Erträge des Finanzanlagevermögens, die nicht bereits unter Nr. 8 in der GuV erscheinen (z. B. Zinserträge aus Ausleihungen). Ein „davon-Vermerk" bei verbundenen Unternehmen ist ebenfalls obligatorisch.

Als **sonstige Zinsen** gelten regelmäßig Zinseinkommen aus Bankguthaben, Festgeldern aber auch aus Wechselforderungen sowie Aufzinsungserträge aus minder- oder unverzinslichen Forderungen. **Ähnliche Erträge** sind hingegen keine Zinsen, sondern Erträge, die mit einem Kredit in Verbindung stehen (z. B. Agio bzw. Disagio, Kreditprovisionen oder -gebühren) oder Erträge aus Wertpapieren des Umlaufvermögens.

Zu den planmäßigen **Abschreibungen auf Finanzanlagen und auf Wertpapiere des Umlaufvermögens** gehören auch pauschale Abwertungen auf Ausleihungen oder Abzinsungsbeträge auf langfristige Ausleihungen, wenn die Diskontierung nach dem Zugangszeitpunkt vorgenommen wird. Außerplanmäßige Abschreibungen bedürfen eines gesonderten Ausweises (§ 277 III S. 1 HGB).

Typisch für die Position **Zinsen und ähnliche Aufwendungen** sind die Fremdkapitalzinsen sowie die im Zusammenhang mit der Kreditaufnahme fälligen Einmalzahlungen.

Außerordentliches Ergebnis

Außerordentlich sind Erträge und Aufwendungen dann, wenn sie außerhalb der gewöhnlichen Geschäftstätigkeit anfallen, selten auftreten und vom Betrag her wesentlich sind.

Beipielhaft für **außerordentliche Erträge** und **außerordentliche Aufwendungen** können genannt werden:

- Verluste bzw. Gewinne aus dem Verkauf eines Teilbetriebes oder von für das Unternehmen bedeutsamen Grundstücken oder Beteiligungen;
- Verluste bzw. Gewinne aus außergewöhnlichen Schadensfällen;
- Verluste aus der Stillegung von Betriebsteilen nach einer Enteignung;
- Erträge aus Sanierungsleistungen außenstehender Dritter.

Hinsichtlich der Beträge und der Art der Posten besteht eine Erläuterungspflicht im Anhang (§ 277 IV S. 2,3 HGB).

Periodenfremde Erträge und Aufwendungen sind nur dann hierunter auszuweisen, soweit sie außerordentlich sind. Ansonsten gilt der strenge sachliche Bezug zu den entsprechenden GuV-Posten.

Als Einzelausweis kommen in Betracht: **interest income** und **interest expense** (Zinserträge und -aufwendungen), **dividends** bzw. **changes in the equity of affiliated companies** (Beteiligungserträge und -aufwendungen) sowie **other revenues and gains** und **other expenses and losses** (sonstige Erträge und Aufwendungen).

Zu „other income" und „other expenses" zählen im allgemeinen Gewinne/Verluste aus dem Abgang oder Verkauf von Anlagevermögen oder aus der Währungsumrechnung.

Noncontinuing items (Außerordentliches Ergebnis)

Noncontinuing items sind Ertrags- und Aufwandspositionen, die selten anfallen und nicht der gewöhnlichen Geschäftstätigkeit zugerechnet werden können. Für den Ausweis im income statement sind drei Unterposten zu bilden:

Die **extraordinary items** sind vergleichbar den außerordentlichen Erträgen und Aufwendungen nach HGB. Auch sie müssen in bezug auf die gewöhnliche Geschäftstätigkeit unternehmensfremd sein und selten auftreten. Dies trifft z. B. für Aufwendungen aufgrund höherer Gewalt oder Enteignung eindeutig zu. Ferner gehören Gewinne/Verluste aus einer Umschuldung oder aufgrund neuer gesetzlicher Regelungen in diese Kategorie. Im Grundsatz wird ein Ausweis unter den „extraordinary items" äußerst restriktiv ausgelegt.

Unter **discontinued operations** sind stillgelegte oder veräußerte Betriebsteile oder -stätten, einschließlich z. B. Tochtergesellschaften, zu verstehen. Sowohl ihr Ergebnis für die Zeit zwischen Beschlußfassung über die Stillegung oder Veräußerung, wie auch der bei Einstellung oder Veräußerung entstehende Gewinn/Verlust sind hier auszuweisen.

Unter der Position **„cumulative effect of changes in accounting principles"** sind grundsätzlich die Differenzbeträge zu erfassen, die sich aufgrund eines Wechsels in der Bilanzierungs- und Bewertungsmethode oder durch erstmalige Anwendung eines neuen Bilanzierungsgrundsatzes wie z. B. die bilanziellen Anpassungen an die Statements No. 106 (postretirement costs) oder SFAS No. 109 (deferred taxes) ergeben. Allerdings gibt es Ausnahmen, die einen Ausweis unter diesem Posten bzw. innerhalb des income statement nicht bedingen (z. B. Ausweis im statement of retained earnings) oder aber eine andere Behandlung erfordern. Wird z. B. von der Lifo-Methode auf ein anderes Verbrauchsfolgeverfahren übergegangen, so sind die von dem Methodenwechsel betroffenen Jahresabschlüsse der vorangegangenen Geschäftsjahre entsprechend zu ändern.

Für alle drei Posten gilt ein Nettoausweis. Die auf sie entfallende Steuer ist separat unter den jeweiligen Posten anzusetzen (vgl. Abb. 12 Pos. 13.). Zusätzlich besteht eine Erläuterungspflicht in den notes (Anhang).

Steuern vom Einkommen und vom Ertrag

Zu den **Steuern vom Einkommen und vom Ertrag** zählen die Körperschaftsteuer – auch die anrechenbare KSt –, die Kapitalertragsteuer (aus Dividendenzahlungen an das Unternehmen) und die Gewerbeertragsteuer sowie deren entsprechenden ausländischen Pendants. Desgleichen sind die mit der Steuerabgrenzung zusammenhängenden Erträge und Aufwendungen hierunter zu subsumieren (vgl. SABI 1/1988, Abschn. 7.). Berechnet wird der Steueraufwand aufgrund des Ergebnisverwendungsbeschlusses. Liegt ein solcher noch nicht vor, ist der Ergebnisverwendungsvorschlag maßgebend (vgl. § 278 S. 1 HGB).

Zu den (um anrechenbare Beträge gekürzten) **sonstigen Steuern** gehören insbesondere:

- Steuern vom Vermögen;
- Verbrauchssteuern;
- Verkehrssteuern;
- pauschalierte Lohnsteuer;
- eigenverbrauchsbedingte und sonstige aufwandswirksame Umsatzsteuer.

Jahresergebnis

Summiert man die beiden GuV-Positionen „Ergebnis der gewöhnlichen Geschäftstätigkeit" und „außerordentliches Ergebnis", so erhält man als Zwischensumme das **Jahresergebnis vor Steuern**. Sind beide Komponenten der Addition positiv, ergibt sich ein Jahresüberschuß vor Steuern. Andernfalls kann ein Jahresfehlbetrag entstehen. Die Ermittlung dieses handelsrechtlichen Ergebnisses ist zwar nicht Gegenstand der GuV-Gliederung gem. § 275 HGB, seine Berechnung ist allerdings faktisch für die Zwecke der Steuerabgrenzung (§ 274 HGB) notwendig.

Der **Jahresüberschuß/Jahresfehlbetrag** der GuV-Gliederung (§ 275 III Nr. 19 HGB) gleicht dem Jahresergebnis nach Steuern, d.h. hier wurde der tatsächliche (nach den steuerrechtlichen Vorschriften ermittelte) Steueraufwand unter Berücksichtigung der Steuerabgrenzung bereits erfolgswirksam berücksichtigt.

Income Taxes (Ertragsteuern)

Die Position der **income taxes** beinhaltet sowohl die Ertragsteuerschuld aus dem Ergebnis der gewöhnlichen Geschäftstätigkeit der Berichtsperiode, wie auch latente Steuern und Steuervorteile aus der Berücksichtigung anrechenbarer Verlustvorträge.

Die Steuern, die auf das außerordentliche Ergebnis entfallen, werden direkt dort ausgewiesen. Alle weiteren Steueraufwendungen des Unternehmens, die keine Ertragsteuern darstellen, sind unter die Verwaltungskosten zu subsumieren.

Net Income/Loss (Jahresüberschuß/-fehlbetrag)

Nach den US-amerikanischen Rechnungslegungsvorschriften ist das net income zwingend den retained earnings (Gewinnrücklagen) zuzuführen, bevor eine Ausschüttung erfolgen kann. Des weiteren sind in dem net income noch keine Berichtigungen enthalten, die sich aus einer fehlerhaften Bilanzierung der vorangegangenen Geschäftsjahre (prior period adjustments) ergeben und korrigiert werden müssen. Sowohl diese Korrekturen als auch die Bemessung der zur Ausschüttung vorgesehenen Dividenden (cash dividends) werden innerhalb des „Statement of Retained Earnings" (vgl. Abb. 14) vorgenommen.

Earnings Per Share (EPS) (Gewinn pro Aktie)

Die Kennziffer **„earnings per share"** ist obligatorisch für US-amerikanische Jahresabschlüsse und wird als Bestandteil des Income Statement veröffentlicht. Die Anzahl der zu publizierenden EPS-Relationen ist abhängig von der Kapitalstruktur und den im income statement unterhalb des income/loss from continuing operations gesondert auszuweisenden Ergebnisposten. In ihrer einfachsten Version (basic-EPS) wird die Kennziffer wie folgt errechnet:

$$\text{basic EPS} = \frac{\text{Net income} - \text{preferred dividends}}{\text{weighted average of shares of common stock outstanding}}$$

Das „net income" ist die Ergebnisgröße, von der zunächst die Dividendenzahlungen auf die Vorzugsaktien abzuziehen sind, bevor im nächsten Schritt durch die gewichtete durchschnittliche Anzahl der Stammaktien dividiert wird. Die Unternehmen haben ferner eine basic-EPS mit dem „income from continuing operations" als Ergebnisgröße zu veröffentlichen.

In Fortführung von Jahresüberschuß/Jahresfehlbetrag wird der **Bilanzgewinn/Bilanzverlust** (§ 268 I HGB) für den Bilanzausweis ermittelt. Die Gewinnverwendungsrechnung ist für die AG/KGaA gesetzlich vorgeschrieben und hat durch Anwendung des in § 158 I AktG vorgegebenen Schemas unmittelbar in der GuV oder alternativ im Anhang zu erfolgen. Für die GmbH wird eine analoge Vorgehensweise empfohlen.

Gewinnverwendungsrechnung nach AktG

Jahresüberschuß/Jahresfehlbetrag
± Gewinnvortrag/Verlustvortrag aus dem Vorjahr
\+ Entnahmen aus der Kapitalrücklage
\+ Entnahmen aus Gewinnrücklagen
  a) aus der gesetzlichen Rücklage
  b) aus der Rücklage für eigene Aktien
  c) aus satzungsmäßigen Rücklagen
  d) aus anderen Gewinnrücklagen
– Einstellungen in Gewinnrücklagen
  a) in die gesetzliche Rücklage
  b) in die Rücklage für eigene Aktien
  c) in satzungsmäßige Rücklagen
  d) in andere Gewinnrücklagen
Bilanzgewinn/Bilanzverlust

Abb. 13: Gewinnverwendungsrechnung gem. § 158 I AktG

Die US-amerikanischen Unternehmen haben über die Gewinnverwendung gesondert zu berichten. Dies kann sowohl direkt unterhalb des „Income Statement“ geschehen als auch gesondert im sog. „Statement of Retained Earnings“ (vgl. Abb. 14). Ausgehend vom Stand der Rücklagen zu Beginn des Jahres werden diese um notwendige Anpassungen und Fehlerberichtigungen aus den Vorjahren (prior period adjustments) korrigiert, der Jahresüberschuß/-fehlbetrag (net income/loss) rechnerisch berücksichtigt und schließlich um die Ausschüttung (cash dividends paid) gekürzt.

	Retained earnings, Jan. 01
±	Prior period adjustments
±	Net income/loss
–	Cash dividends paid
	Retained earnings, Dec. 31

Abb. 14: Statement of Retained Earnings

Retained earnings stellen im Prinzip das gesamte Ausschüttungspotential der Gesellschaft dar. Liegt eine (vorübergehende) Ausschüttungssperre vor, so sind die Gründe der Beschränkung und die Beträge in den notes offenzulegen.

In der Praxis sind zahlreiche Unternehmen dazu übergegangen, die Gewinnverwendungsrechnung in ein „Statement of Stockholders' Equity“ (vgl. Abb. 15) zu verlagern, in dem die vollständige Eigenkapitalentwicklung des Unternehmens im abgelaufenen Geschäftsjahr sowie der beiden vorangegangenen Perioden dargestellt wird.

Statement of Stockholders' Equity

	Common Stock	Retained Exchange	Currency Translation Adjustments	Securities Valuation Adjustment	Total Stock-holders' Equity
Balances, January 1, 19X1					
Net earnings					
Exercise of stock options/units and issuance of other stock awards					
Cash dividends declared $ x per share					
Currency translation adjustments (including income tax benefits of $ x)					
Stock purchased					
Other					
Balances, December 31, 19X1					
Net earnings					
Exercise of stock options/units and issuance of other stock awards					
Cash dividends declared $ x per share					
Currency translation adjustments (including income tax benefits of $ x)					
Stock purchased					
Other					
Balances, December 31, 19X2					
Net earnings					
Exercise of stock options/units and issuance of other stock awards					
Cash dividends declared $ x per share					
Currency translation adjustments (including income tax benefits of $ x)					
Stock purchased					
Stock issued in connection with an aquisition					
Balances, December 31, 19X3					

Abb. 15: Beispiel zur Darstellung des Statement of Stockholders' Equity

Kap. D

Statement of Cash Flows

Bilanzierungsvorschriften: **SFAS No. 95**
erg. Vorschr.: SFAS No. 102, 104

1. Grundlagen

SFAS No. 95 ist für alle Jahresabschlüsse anzuwenden, die für nach dem 15. Juli 1988 endende Geschäftsjahre aufgestellt werden und schreibt für alle US-Unternehmen, mit Ausnahme gemeinnütziger Organisationen, die Erstellung eines **Statement of Cash Flows** als integralen Bestandteil des Jahresabschlusses verbindlich vor.

Das HGB enthält keine gesetzliche Verpflichtung für die Erstellung einer Kapitalflußrechnung. Aufgrund der wachsenden Internationalisierung sind jedoch einige deutsche Unternehmen bereits frühzeitig dazu übergegangen, innerhalb des Geschäftsberichtes eine Kapitalflußrechnung auszuweisen, um den Bilanzadressaten eine finanzwirtschaftliche Beurteilung des Unternehmens zu ermöglichen.

In dem vorliegenden Abschnitt werden wir uns ausschließlich auf die Vorschriften der US-GAAP beschränken.

Die Kapitalflußrechnung dient der Ermittlung und Darstellung des Cash-Flow, den ein Unternehmen in einem Geschäftsjahr aus Betriebstätigkeit, Investitionstätigkeit und Finanzierungstätigkeit erwirtschaftet oder verbraucht hat und enthält eine Abstimmung der cash und cash equivalents zu Beginn des Geschäftsjahres mit dem Betrag am Ende des Geschäftsjahres (vgl. Abb. 20). Diese Angaben sollen Investoren, Kreditoren und der interessierten Öffentlichkeit Hinweise darüber liefern, ob das Unternehmen auch in Zukunft in der Lage sein wird, Einnahmenüberschüsse zu erzielen und seinen Zahlungsverpflichtungen nachzukommen.

2. Kapitalflußrechnung

Unter „cash" sind Geld und Sichtguthaben, unter „cash equivalents" kurzfristige hochliquide, risikolose Anlagen zu verstehen (i.d.R. mit einer Laufzeit von maximal drei Monaten, z. B. treasury bills, commercial papers, money market funds, federal funds sold). Jedes Unternehmen hat anzugeben, welche Posten es in die „cash equivalents" einbezieht.

Nach SFAS No. 95 werden die Zahlungsströme in drei Bereiche aufgeteilt:

a) **Cash-Flow aus Betriebstätigkeit** (*operating activities*):
Alle Ein- und Auszahlungen, die nicht aus Investitions- oder Finanzierungsaktivitäten stammen.

b) **Cash-Flow aus Investitionstätigkeit** (*investing activities*):
Ein- und Auszahlungen im Zusammenhang mit dem Erwerb und Verkauf von Gegenständen des Anlagevermögens (bspw. Sachanlagevermögen oder Wertpapiere).

c) **Cash-Flow aus Finanzierungstätigkeit** (*financing activities*):
Ein- und Auszahlungen, die Veränderungen hinsichtlich der Zusammensetzung und der Höhe von Eigen- und Fremdkapital bewirken, beispielsweise Mittelzuflüsse aus der Emission von Wertpapieren, Dividendenzahlungen, Aufnahme oder Rückzahlung von Darlehen.

Der Cash-Flow aus Betriebstätigkeit kann nach der direkten oder der indirekten Methode erstellt werden, wobei die Anwendung der direkten Methode empfohlen wird.

Bei der *direkten Methode* (vgl. Abb. 16) werden jene Bargeldströme, die im Rahmen der Betriebstätigkeit entstehen, brutto aufgeführt und daraus durch Saldierung der Netto-Cash-Flow aus Betriebstätigkeit ermittelt. Die Differenz zwischen dem so ermittelten Netto-Cash-Flow und dem Gewinn bzw. Verlust aus der Gewinn- und Verlustrechnung ist in einer separaten Aufstellung darzustellen. Zumindest die folgenden Ein- und Auszahlungen sind dabei gesondert auszuweisen: Kundenzahlungen (incl. Mieten, Leasingraten, Lizenzen etc.), erhaltene Zinsen und Dividenden, sonstige Geldein- und Geldausgänge im operativen Bereich, bezahlte Löhne und Gehälter, Zahlungen an Lieferanten (incl. Versicherungen, Werbung, etc.) sowie bezahlte Zinsen und Steuern vom Einkommen und Ertrag.

	Zahlungen von Kunden	13.850
+	Dividende von Tochtergesellschaft	20
–	Zahlungen an Lieferanten	(8.000)
–	Zahlungen an Personal	(4.500)
–	Ertragsteuern	(325)
=	**Cash-Flow aus Betriebstätigkeit**	**1.045**

Abb. 16: Ermittlung des Cash-Flow aus Betriebstätigkeit nach der direkten Methode

Nach der *indirekten Methode* (vgl. Abb. 17) wird der Cash-Flow aus Betriebstätigkeit ermittelt, indem der Jahresüberschuß (net income) um folgende Posten bereinigt wird: Alle nicht-liquiditätswirksamen Aufwendungen und Erträge, wobei die Aufwendungen dem Gewinn hinzuzurechnen, die Erträge vom Gewinn abzuziehen sind. Außerdem ist der Gewinn um zukünftig erwartete operative Geldein- und Geldausgänge zu bereinigen (bspw. Zu- und Abgänge der Vorräte, Forderungen und Rechnungsabgrenzungsposten sowie der kurzfristigen Verbindlichkeiten). Zusätzlich sind alle Transaktionen, die im Investitions- und Finanzierungsbereich zahlungswirksam werden, herauszurechnen (bspw. Verluste und Gewinne aus dem Verkauf von Anlagevermögen im Investitionsbereich, Verluste und Gewinne aus der Tilgung von Schulden im Finanzierungsbereich). Die für Zinsen und Steuern gezahlten Beträge sind gesondert auszuweisen.

	Jahresüberschuß		760
+	Abschreibungen	400	
+	Einzelwertberichtigungen	200	
+	Abnahme der Vorräte	300	
+	Erhöhung der sonst. Verbindlichkeiten	90	
–	Gewinn aus Sachanlageverkäufen	(80)	
–	Erhöhung der Kundenforderungen	(200)	
–	Erhöhung der aktiven RAP	(25)	
–	Abnahme der Verbindlichkeiten (LuL)	(300)	
–	Abnahme der Rückstellungen	(100)	
	Gesamtsumme der Anpassungen		285
=	**Cash-Flow aus Betriebstätigkeit**		**1.045**

Abb. 17: Ermittlung des Cash-Flow aus Betriebstätigkeit nach der indirekten Methode

Der Cash-Flow aus Investitions- oder Finanzierungstätigkeit wird wie in den Abbildungen 18 und 19 dargestellt, ermittelt. Investitions- und Finanzierungsaktivitäten, die bestehende Aktiva oder Passiva betreffen, aber nicht mit Ein- und Auszahlungen verbunden waren, sind in jedem Fall gesondert auszuweisen.

	Sachanlagenverkäufe	600	
+	Verkauf von Wertpapieren	200	
–	Sachanlagenkäufe	(1.000)	
=	**Cash-Flow aus Investitionstätigkeit**		**(200)**

Abb. 18: Ermittlung des Cash-Flow aus Investitionstätigkeit

	Ausgabe von Aktien	500	
+	Aufnahme eines langfristigen Kredits	300	
–	Dividendenzahlung	(20)	
=	**Cash-Flow aus Finanzierungstätigkeit**		**780**

Abb. 19: Ermittlung des Cash-Flow aus Finanzierungstätigkeit

	Cash-Flow aus Betriebstätigkeit	1.045
–	Cash-Flow aus Investitionstätigkeit	(200)
+	Cash-Flow aus Finanzierungstätigkeit	780
=	Nettozunahme an liquiden Mitteln	1.625
+	Liquide Mittel am Anfang des Jahres	500
=	**Liquide Mittel am Jahresende**	**2.125**

Abb. 20: Entwicklung des Cash-Flow innerhalb des Geschäftsjahres

→ **IAS 7: CASH FLOW STATEMENTS**

Kap. E

Konzernabschluß

Bilanzierungsvorschriften: §§ 290 – 315 HGB

1. Bedeutung

Im deutschen Bilanzierungsraum wird der Konzernabschluß als Ergänzung des Einzelabschlusses verstanden. Er besteht aus Konzernbilanz, -GuV und Konzernanhang; er soll die Vermögens-, Finanz- und Ertragslage eines Konzerns so darstellen, als ob es sich bei dieser wirtschaftlichen Einheit auch um eine rechtliche Einheit handeln würde (*Einheitstheorie*). Verflechtungsbedingte Verfälschungen sind daher aus der Summenbilanz der einbezogenen Unternehmen herauszurechnen (*Konsolidierung*). Der Konzernabschluß erfüllt nach deutschem Recht ausschließlich eine Informationsfunktion; eine Ausschüttungs- oder Steuerbemessungsfunktion kommt ihm nicht zu.

2. Bilanzansatz und Bewertung

Der Einheitstheorie folgend wird im Konzernabschluß eine konzerneinheitliche Bilanzierung und Bewertung vorgenommen, die sich nach dem Recht des den Konzernabschluß aufstellenden Mutterunternehmens richtet. Es gilt das Vollständigkeitsgebot, jedoch sind unabhängig von den Einzelabschlüssen die für das Mutterunternehmen geltenden Bilanzierungsverbote und -wahlrechte zu berücksichtigen (§ 300 II HGB). Für die einheitliche Bewertung im Konzernabschluß ist das Recht des Mutterunternehmens maßgeblich (§ 308 I HGB). Im Hinblick auf die Bewertungsmethoden dürfen gleiche Sachverhalte nicht unterschiedlich behandelt werden. Weichen die Einzelabschlüsse hinsichtlich Form und Inhalt von den für das Mutterunternehmen geltenden Rechnungslegungsvorschriften ab, so ist eine Handelsbilanz II aufzustellen.

3. Konsolidierung

Die Kapitalkonsolidierung erfolgt i.d.R. nach der Erwerbsmethode (§ 301 HGB); konzerninterne Forderungen und Verbindlichkeiten sind wegzulassen (§ 303 HGB), Zwischenergebnisse zu eliminieren (§§ 304, 305 HGB).

4. Währungsumrechnung

Die Währungsumrechnung ist gesetzlich nicht geregelt (Methodenwahlrecht); weitverbreitet ist die Stichtagskursmethode (Umrechnung aller Bilanzposten zum Kurs des Bilanzstichtags). Zulässig ist auch die Zeitbezugsmethode (temporal method): Umrechnung mit jenen Kursen, auf die sich der Bilanzansatz des Einzelabschlusses bezieht (z. B. Sachwerte: historischer Kurs, Verbindlichkeiten: Stichtagskurs). Immer häufiger wird auch die US-amerikanische Methode der Funktionalwährung verwendet.

→ IAS 22: Business Combinations
→ IAS 24: Related Party Disclosures
→ IAS 27: Consolidated Financial Statements and Accounting for Investments in Subsidiaries
→ IAS 28: Accounting for Investments in Associates

Bilanzierungsvorschriften: ARB-43 Chpt. 1A, 2A, 51;
SFAS No. 94;
Reg. S-X, Rules 3-01 (a), 3-02(a), 3A-02 ff.

1. Bedeutung

Der Konzernabschluß hat in den USA ein weitaus größeres Gewicht als der Einzelabschluß. Er gilt gem. ARB No. 51 im Sinne einer „fair presentation" als der grundsätzlich aussagekräftigere Abschluß; konsequenterweise reichen die der SEC berichtspflichtigen Unternehmen daher einen Konzernabschluß ein. Zur großen Bedeutung des Konzernabschlusses trägt auch bei, daß er Grundlage der Besteuerung sein kann (consolidated income tax return) und daß die Dividendenpolitik maßgeblich durch den Konzernabschluß bestimmt wird. Der Konzernabschluß hat die gleichen Bestandteile aufzuweisen wie ein Einzelabschluß.

2. Bilanzansatz und Bewertung

Die Einheitstheorie in ihrer strengen Form gilt in den USA nicht: falls die zu konsolidierenden Einzelabschlüsse den US-GAAP entsprechen, können sie auch bei unterschiedlicher Bilanzierung und Bewertung im allgemeinen ohne zusätzliche Anpassungen in den Konzernabschluß eingehen. Die unterschiedlichen Rechnungslegungsmethoden der Einzelabschlüsse sind jedoch in den notes des Konzernabschlusses offenzulegen.

3. Consolidation

Die Kapitalkonsolidierung erfolgt nach der Erwerbsmethode (Neubewertungsmethode); konzerninterne Forderungen und Verbindlichkeiten sind miteinander zu verrechnen, Zwischenergebnisse zu eliminieren.

4. Currency Translation

Die Währungsumrechung ist nach dem Konzept der Funktionalwährung vorzunehmen (SFAS No. 52). Bei der Umrechnung der Abschlüsse weitgehend autonomer Tochtergesellschaften wird danach die Stichtagskursmethode, bei leistungswirtschaftlich eher unselbständigen Tochtergesellschaften die Zeitbezugsmethode vorgeschrieben.

Bilanzierungsvorschriften: §§ 290 – 293 HGB;
§§ 11 – 15 PublG

1. Grundlagen

Einen Konzernabschluß erstellen müssen alle inländischen Kapitalgesellschaften, die Mutterunternehmen i.S.d. § 290 HGB sind oder die nach PublG konzernrechnungslegungspflichtig sind. Mutterunternehmen i.S.d. § 290 HGB üben entweder die *einheitliche Leitung* über eine Tochtergesellschaft aus oder weisen bestimmte Beherrschungsmöglichkeiten (*Control-Konzept*) auf. Eine Befreiung von der Konzernrechnungslegungspflicht ist möglich, wenn ein übergeordneter Konzernabschluß vorliegt, in dem die betreffende Muttergesellschaft und ihre Tochterunternehmen (Teilkonzern) erfaßt sind (§§ 291, 292 HGB), oder wenn bestimmte Größenkriterien (§ 293 HGB) unterschritten werden.

2. Einheitliche Leitung

Verfügt eine inländische Kapitalgesellschaft über eine Beteiligung gem. § 271 HGB und übt sie über diese die einheitliche Leitung (Abstimmung der Geschäftspolitik) tatsächlich aus, so unterliegt die Muttergesellschaft der Konzernrechnungslegungspflicht.

3. Control-Konzept

Verfügt eine inländische Kapitalgesellschaft unabhängig von dem Vorliegen einer Beteiligung bei einem Tochterunternehmen über bestimmte Rechtspositionen,

- Mehrheit der Stimmrechte,
- Recht zur Bestellung der Mehrheit der Leitungs- und Aufsichtsorgane,
- beherrschender Einfluß kraft Vertrag oder Satzung

so unterliegt das Mutterunternehmen der Konsolidierungspflicht.

Bilanzierungsvorschriften: **ARB-43 Chpt. 1A, 2A; 51;**
SFAS No. 94;
Reg. S-X, Rules 3-01 (a), 3-02(a), 3A-02 ff.

1. Grundlagen

Der Konzernrechnungslegungspflicht unterliegen alle inländischen Mutterunternehmen unabhängig von der Rechtsform, die als Wertpapieremittenten gegenüber der SEC berichtspflichtig sind und all jene Mutterunternehmen, die einen Jahresabschluß nach GAAP erstellen und bei Beteiligungsgesellschaften über Beherrschungsmöglichkeiten verfügen (controlling financial interest). Eine Befreiung durch übergeordnete Konzernabschlüsse ist nicht möglich.

2. Controlling Financial Interest

Eine ausdrückliche Konsolidierungspflicht besteht lediglich für Mehrheitsbeteiligungen (majority-owned subsidiaries). Als maßgebliches Kriterium gilt die Mehrheit der Stimmrechte.

Allerdings kann der Grundsatz der „fair presentation“ auch die Konsolidierung solcher Beteiligungen gebieten, bei der eine Beherrschungsmöglichkeit auf andere Weise als durch Stimmrechtmehrheit gegeben ist. Eine entsprechende Erläuterung in den notes (Anhang) ist dann unverzichtbar.

Exakte Regelungen zur Konsolidierungspflicht liegen bislang nicht vor, werden aber im Rahmen eines „reporting entity project“ des FASB erarbeitet.

Bilanzierungsvorschriften: §§ 294 – 296 HGB

1. Grundlagen

In den Konzernabschluß sind das Mutterunternehmen und alle Tochterunternehmen einzubeziehen, unabhängig von Sitz (*Weltabschlußprinzip*) und Rechtsform. Unter bestimmten Voraussetzungen bestehen allerdings *Einbeziehungswahlrechte* oder sogar ein *Einbeziehungsverbot*.

2. Einbeziehungswahlrechte

Ein Tochterunternehmen braucht nicht in den Konzernabschluß einbezogen werden, wenn

- die Verfügungsrechte über das Tochterunternehmen erheblich und andauernd beschränkt sind,
- die Konsolidierung unverhältnismäßig hohe Kosten oder Verzögerungen mit sich bringt,
- eine Weiterveräußerungsabsicht im Hinblick auf die Anteile besteht oder
- das Tochterunternehmen von untergeordneter Bedeutung ist.

3. Einbeziehungsverbot

Ein Tochterunternehmen darf nicht einbezogen werden, wenn dessen Geschäftstätigkeit stark von der Tätigkeit der anderen einbezogenen Unternehmen abweicht und dadurch ein den tatsächlichen Verhältnissen entsprechendes Bild der Vermögens-, Finanz- und Ertragslage verwehrt wird.

Bilanzierungsvorschriften: ARB-51; SFAS No. 94; Reg. S-X, Rule 3A-02

1. Grundlagen

Für den US-amerikanischen Konzernabschluß gilt ebenfalls das Weltabschlußprinzip. Im Unterschied zum deutschen Recht gibt es allerdings keine Einbeziehungswahlrechte, sondern in zwei Fällen ein Einbeziehungsverbot. Zum besseren Verständnis des Konzernabschlusses müssen die Unternehmen ihre Konsolidierungspolitik im Anhang offenlegen.

2. Einbeziehungsverbote

Ein Tochterunternehmen darf nicht konsolidiert werden, wenn die Möglichkeit, das Tochterunternehmen zu beherrschen, nicht gegeben ist. Dieser Fall kann auch bei Mehrheitsbeteiligungen auftreten, wenn das Tochterunternehmen sich in einem Sanierungs- oder Konkursverfahren befindet oder ein ausländisches Tochterunternehmen besonderen rechtlich-politischen Restriktionen unterliegt, die eine Beherrschung verwehren.

Hat ein Mutterunternehmen nur vorübergehend die Beherrschungsmöglichkeit, etwa weil die Anteile nur zum Zwecke der Weiterveräußerung gehalten werden, so besteht im Gegensatz zum deutschen Recht ebenfalls ein Einbeziehungsverbot.

In den USA ist die abweichende Tätigkeit kein Grund (mehr), Tochterunternehmen von der Konsolidierung auszuschließen. In diesem Fall besteht vielmehr ein Konsolidierungsgebot.

Bilanzierungsvorschriften: §§ 300-302, 307-310 HGB

1. Grundlagen

Bei der Kapitalkonsolidierung werden der Einheitstheorie entsprechend die innerkonzernlichen Beteiligungsverhältnisse in der Summenbilanz rechnerisch eliminiert. Die Kapitalkonsolidierung wird nach der Erwerbsmethode (purchase method) vorgenommen. Dabei sind zwei Verfahren (Buchwertmethode und Neubewertungsmethode) zulässig. In besonderen Fällen kann auch die Interessenzusammenführungsmethode (pooling-of-interest-method) zum Zuge kommen. Bei Gemeinschaftsunternehmen ist eine quotale Konsolidierung möglich (§ 310 HGB).

2. Erwerbsmethode

Bei der *Buchwertmethode* wird zunächst der im Jahresabschluß des Mutterunternehmens ausgewiesene Beteiligungsbuchwert der Tochter gegen das konsolidierungspflichtige Eigenkapital verrechnet, verbleibende aktivische oder passivische Unterschiedsbeträge werden auf ihre Ursachen hin untersucht: stille Reserven (oder Lasten) werden aufgedeckt und einzelnen Vermögensgegenständen (oder Rückstellungen) zugeschrieben. Verbleibende aktivische Unterschiedsbeträge werden als Geschäftswert, verbleibende passivische Beträge als „Unterschiedsbetrag aus Kapitalkonsolidierung" bilanziert. Der Geschäftswert darf mit den Rücklagen verrechnet oder abgeschrieben werden (§ 309 HGB): zu mindestens 25 % in jedem der folgenden Geschäftsjahre oder über die Dauer seiner Nutzung (i.d.R. bis zu 15 Jahren). Der Unterschiedsbetrag aus Kapitalkonsolidierung darf unter bestimmten Umständen ergebniswirksam aufgelöst werden.

Bei der *Neubewertungsmethode* werden die Bilanzposten des Tochterunternehmens vor der eigentlichen Konsolidierung mit dem beizulegenden Wert neu bewertet. Dadurch werden im Gegensatz zur Buchwertmethode auch die stillen Reserven (Lasten) der anderen (Minderheits-)Gesellschafter aufgelöst. Wie bei der Buchwertmethode darf das neubewertete Eigenkapital die Anschaffungskosten der Beteiligung jedoch nicht überschreiten. Die Behandlung des Geschäftswertes erfolgt in der gleichen Weise wie bei der Buchwertmethode.

3. Interessenzusammenführungsmethode

Gehören dem Mutterunternehmen mindestens 90 % der Anteile der Tochter und erhalten die Anteilseigner der Tochter bei dem Zusammenschluß als Gegenleistung Anteile des Mutterunternehmens oder eines anderen Konzernunternehmens, so kommt eine vereinfachte Konsolidierungsmethode zum Zuge: die Verrechnung der Anteile wird auf das gezeichnete Kapital beschränkt; entstehende Unterschiedsbeträge werden mit den Rücklagen verrechnet.

Bilanzierungsvorschriften: APB-16

1. Grundlagen

Die Kapitalkonsolidierung wird wie im deutschen Bilanzierungsraum nach der *purchase method* (Erwerbsmethode) vorgenommen. Für die *pooling of interest method* gelten sehr strenge Anwendungsvoraussetzungen. Die Quotenkonsolidierung ist nur bei Gemeinschaftsunternehmen (joint ventures) und den der deutschen BGB-Gesellschaft entsprechenden undivided interests möglich.

2. Purchase Method (Erwerbsmethode)

Eine der deutschen Buchwertmethode entsprechende Vorgehensweise ist unzulässig; vielmehr entsprechen die US-amerikanischen Regelungen dem Prinzip der deutschen Neubewertungsmethode. Auch nach US-Recht darf das neubewertete anteilige Eigenkapital dabei die Anschaffungskosten der Beteiligung nicht überschreiten. Der goodwill ist grundsätzlich linear über die voraussichtliche Nutzungsdauer (max. 40 Jahre) abzuschreiben. Eine Verrechnung des goodwill mit den Rücklagen ist unzulässig.

3. Pooling of Interest Method (Interessenzusammenführungsmethode)

Die Voraussetzungen für die Anwendung dieser Methode sind in den USA weitaus enger: Neben den Voraussetzungen des 90%igen Anteilsbesitzes und des Anteilstauschs wird u.a. verlangt, daß das einbezogene Unternehmen vor der Konsolidierung nicht bereits Tochterunternehmen oder gar ein erst kürzlich ausgegliederter Unternehmensbereich war und daß es sich bei dem Austausch um vollstimmberechtigte Anteile handelt; ferner ist genau festgelegt, in welchem zeitlichen Rahmen und auf welche Weise das Mutterunternehmen die 90%ige Beteiligung erworben haben muß. Schließlich werden noch besondere, mit der Grundidee dieser Konsolidierungsmethode unvereinbare Absprachen aufgeführt, so daß insgesamt 12 Anwendungsvoraussetzungen vorliegen.

Kap. F

Beispiele

F. Beispiele

In diesem Abschnitt sollen die zuvor behandelten Themen an Beispielen veranschaulicht werden. Zu Beginn werden die dem folgenden Beipiel jeweils zugrundeliegenden Annahmen formuliert und die entsprechenden Erläuterungen gegeben.

Als Themenkreise werden behandelt:

1. **Bilanzierung von Wertpapieren /**
   Accounting for Securities

2. **Bilanzierung langfristiger Fertigung /**
   Accounting for Long-term Construction Contracts

3. **Bewertung von Vorräten /**
   Valuation of Inventories

4. **Bilanzierung von Pensionsrückstellungen /**
   Accounting for Pension Cost

1. Bilanzierung von Wertpapieren / Accounting for Securities

Annahmen und Erläuterungen zum Beispiel (Tab. 1 und 2):

➲ Die Wertschwankungen sind nur vorübergehender Natur.

➲ Finanzanlagen (Wertpapiere des Anlagevermögens) können nach deutschem Bilanzrecht auch bei nicht andauernden Wertminderungen auf den niedrigeren beizulegenden Wert außerplanmäßig abgeschrieben werden (§ 253 II S. 3 i.V.m. § 279 I S. 2 HGB). Von diesem Wahlrecht wurde hier Gebrauch gemacht.

Bei den Wertpapieren des Umlaufvermögens ergibt sich gem. § 253 III HGB eine Pflicht zur außerplanmäßigen Abschreibung (strenges Niederstwertprinzip). Entsprechend § 280 I HGB besteht für spätere Werterholung handelsrechtlich ein Wertaufholungsgebot, das nach oben durch die historischen Anschaffungskosten der Wertpapiere beschränkt ist. Das Beibehaltungswahlrecht für rein steuerliche Werte (§ 280 II HGB) wurde nicht berücksichtigt.

➲ Im Sinne des SFAS No. 115 wurden hier available-for-sale-Wertpapiere bei der Wertpapierkategorie A-C und trading-Wertpapiere bei der Wertpapierkategorie D-F unterstellt. Soweit es sich dabei um trading-Wertpapiere handelt, sind Wertschwankungen generell erfolgswirksam zu behandeln. Diese gelten damit als realisiert und werden entsprechend verrechnet. Bei available-for-sale-Wertpapieren hingegen ist bei Wertminderungen entscheidend, ob diese als nur vorübergehend oder als permanent zu qualifizieren sind. Da im Beipiel nur vorübergehende Wertschwankungen vorkommen, bleiben diese ohne Ergebniswirkung. Den Wertpapieren wird unter dem Eigenkapital ein gesonderter Ausgleichsposten (separate equity component) gegenübergestellt, der die Wertschwankungen auffängt bzw. ausgleicht.

Interpretation der Ergebnisse

Bei den *Wertpapieren des Umlaufvermögens* (trading-Wertpapiere) kann es nach den HGB-Vorschriften in beiden Perioden zu einem niedrigeren Bilanzansatz als bei den US-GAAP kommen. Auf Grund des strengen Niederstwertprinzips sind außerplanmäßige Abschreibungen vorzunehmen, während andererseits Zuschreibungen über die Anschaffungskosten hinaus unzulässig sind. Gerade das Anschaffungskostenprinzip wurde in den USA jedoch mit Einführung des „fair value“ für den Bereich der Bilanzierung von Wertpapieren durch SFAS No. 115 aufgegeben, so daß auch über den historischen Erwerbspreis hinaus Gewinne realisiert werden können. Die Unterschiede in den Rechnungslegungsvorschriften dürften vor allem dann zu völlig abweichenden Ergebnissen führen, wenn die Börsenkurse eine stetige Aufwärtsentwicklung vollziehen, da die US-GAAP in diesem Fall eine absolute Wertobergrenze nicht mehr kennen. Die Realisierungsmöglichkeiten werden jedoch durch die Fristigkeit der Wertpapiere bzw. deren Verweildauer im Unternehmen relativiert.

F. Beispiele

Der primäre Unterschied bei den *Wertpapieren des Anlagevermögens* (available-for-sale-Wertpapiere) ist, daß die nur vorübergehenden Wertschwankungen nach den US-GAAP keine Auswirkung auf die Erfolgsrechnung haben. Sie werden von dem gesonderten Ausgleichsposten im Eigenkapital aufgefangen. Dieser Ausgleichsposten

19X1	Anschaf-fungskosten	Börsenkurs 31.12.X1	unrealisierter Gewinn/ (Verlust)	GuV Ertrag/ (Aufwand)	Bilanz 31.12.X1
Anlagevermögen					
Wertpapiere A	4.000,00	3.000,00	(1.000,00)	(1.000,00)	3.000,00
Wertpapiere B	10.000,00	9.500,00	(500,00)	(500,00)	9.500,00
Wertpapiere C	9.500,00	10.000,00	500,00	0,00	9.500,00
Gesamtwert	23.500,00	22.500,00	(1.000,00)	**(1.500,00)**	**22.000,00**
Umlaufvermögen					
Wertpapiere D	5.000,00	6.000,00	1.000,00	0,00	5.000,00
Wertpapiere E	2.500,00	1.700,00	(800,00)	(800,00)	1.700,00
Wertpapiere F	7.000,00	6.800,00	(200,00)	(200,00)	6.800,00
Gesamtwert	14.500,00	14.500,00	0,00	**(1.000,00)**	**13.500,00**
19X2	**Bilanz 1.1.X2**	**Börsenkurs 31.12.X2**	**unrealisierter Gewinn/ (Verlust)**	**GuV Ertrag/ (Aufwand)**	**Bilanz 31.12.X2**
Anlagevermögen					
Wertpapiere A	3.000,00	4.500,00	1.500,00	1.000,00	4.000,00
Wertpapiere B	9.500,00	9.700,00	200,00	200,00	9.700,00
Wertpapiere C	9.500,00	11.000,00	1.500,00	0,00	9.500,00
Gesamtwert	22.000,00	25.200,00	3.200,00	**1.200,00**	**23.200,00**
Umlaufvermögen					
Wertpapiere D	5.000,00	6.200,00	1.200,00	0,00	5.000,00
Wertpapiere E	1.700,00	1.000,00	(700,00)	(700,00)	1.000,00
Wertpapiere F	6.800,00	7.000,00	200,00	200,00	7.000,00
Gesamtwert	13.500,00	14.200,00	700,00	**(500,00)**	**13.000,00**

Tab. 1: Bewertung von Wertpapieren des Anlage- und Umlaufvermögens nach HGB

kann sowohl negativ (vgl. 19X1) also auch positiv (vgl. 19X2) sein. Der Jahresüberschuß ist durch die außerplanmäßige Abschreibung in der ersten Periode nach HGB niedriger als das net income nach US-GAAP, während sich diese Situation in der folgenden Periode durch das Wertaufholungsgebot umkehrt.

19X1	cost	fair value market 31.12.X1	unrealized gain/ (loss)	p&laccount[1] income/ (expenses)	separate equity component	balance sheet 31.12.X1
available-for-sale						
securities A	4.000,00	3.000,00	(1.000,00)		(1.000,00)	3.000,00
securities B	10.000,00	9.500,00	(500,00)		(500,00)	9.500,00
securities C	9.500,00	10.000,00	500,00		500,00	10.000,00
total	23.500,00	22.500,00	(1.000,00)		**(1.000,00)**	**22.500,00**
trading						
securities D	5.000,00	6.000,00	1.000,00	1.000,00		6.000,00
securities E	2.500,00	1.700,00	(800,00)	(800,00)		1.700,00
securities F	7.000,00	6.800,00	(200,00)	(200,00)		6.800,00
total	14.500,00	14.500,00	0,00	**0,00**		**14.500,00**

19X2	balance sheet 1.1.X2	fair value market 31.12.X2	unrealized gain/ (loss)	p&l account income/ (expenses)	separate equity component	balance sheet 31.12.X2
available-for-sale						
securities A	3.000,00	4.500,00	1.500,00		500,00	4.500,00
securities B	9.500,00	9.700,00	200,00		(300,00)	9.700,00
securities C	10.000,00	11.000,00	1.000,00		1.500,00	11.000,00
total	**22.500,00**	25.200,00	2.700,00		**1.700,00**	**25.200,00**
trading						
securities D	6.000,00	6.200,00	200,00	200,00		6.200,00
securities E	1.700,00	1.000,00	(700,00)	(700,00)		1.000,00
securities F	6.800,00	7.000,00	200,00	200,00		7.000,00
total	14.500,00	14.200,00	(300,00)	**(300,00)**		**14.200,00**

1 Profit and loss account (= Income statement).

Tab. 2: Bewertung von Wertpapieren des Anlage- und Umlaufvermögens nach US-GAAP

2. Bilanzierung langfristiger Fertigung / Accounting for Long-term Construction Contracts

Annahmen und Erläuterungen zum Beispiel (Tab. 3):

➲ Das US-amerikanische Bilanzrecht kennt sowohl die completed-contract method als auch die percentage-of-completion method. Letztere Methode ist immer dann anzuwenden, wenn der Grad der Fertigstellung zuverlässig geschätzt werden kann; ansonsten ist eine Gewinnrealisierung erst im Zeitpunkt der Fertigstellung gestattet.

➲ Für die Darstellung der unterschiedlichen Bilanzierungsweisen wird ein dreijähriges Bauprojekt unterstellt. Die vom Bauträger zu zahlende Vergütung beträgt insgesamt 4 Mio. GE; die geschätzten Kosten belaufen sich auf 3,7 Mio. GE. Während der Bauphase kommt es zu Fakturierungen (billings) und Abschlagszahlungen (Sollbuchung: liquide Mittel). Ein Verlust aus dem Vertrag ist nicht zu erwarten. Die für den Bauauftrag benötigten Materialien werden sofort bezahlt (Habenbuchung: liquide Mittel); sonstige Kosten bleiben unberücksichtigt. Zu Teilabnahmen vor dem Fertigstellungszeitpunkt soll es nicht kommen, so daß eine Gewinnrealisierung nach HGB nur mit der Fertigstellung des Bauprojektes erfolgen kann.

➲ Zur Veranschaulichung werden bei der Bilanzierung nach US-GAAP beide Methoden (percentage-of-completion und completed-contract) dargestellt. Aufgrund der Sachverhaltsgestaltung hat das Unternehmen hier jedoch kein Wahlrecht, sondern muß nach der percentage-of-completion method bilanzieren.

	1. Jahr	**2. Jahr**	**Fertigstellung**
Anteil der Fertigstellung	20%	50%	100%
Kosten der lfd. Periode	740.000	1.110.000	1.850.000
Kosten kumuliert	740.000	1.850.000	3.700.000
Rechnungstellung des lfd. Jahres	500.000	1.500.000	2.000.000
Zahlungseingänge im lfd. Jahr	450.000	1.150.000	1.900.000

Tab. 3: Basisdaten für die Bilanzierung und Gewinnrealisierung im Rahmen langfristiger Fertigung

1. Bilanzierung und Gewinnrealisierung nach HGB

Buchungen lfd. Jahr	1./2. Jahr		3. Jahr		Abschluß	
	Soll	Haben	Soll	Haben	Soll	Haben
unfertige Erzeugnisse	1.850.000		1.850.000			3.700.000
liquide Mittel	1.600.000	1.850.000	1.900.000	1.850.000		
erhaltene Anzahlungen		1.600.000		1.900.000	3.500.000	
Forderungen aus LuL					500.000	
Jahresüberschuß						300.000

2. Bilanzierung und Gewinnrealisierung nach US-GAAP

a) completed-contract method

Buchungen lfd. Jahr	1./2. Jahr		3. Jahr		Abschluß	
	Soll	Haben	Soll	Haben	Soll	Haben
construction in progress	1.850.000		1.850.000			3.700.000
cash	1.600.000	1.850.000	1.900.000	1.850.000		
accounts receivable	400.000		100.000			
advance billings		2.000.000		2.000.000	4.000.000	
realized gross profit						300.000

b) percentage-of-completion method

Die Buchungen des laufenden Jahres in der Bilanz entsprechen weitestgehend denen der completed-contract method. Zusätzlich kommt es allerdings zu einer anteiligen Gewinnrealisierung. Die Buchungen sind wie folgt zu ergänzen:

Buchungen lfd. Jahr	1./2. Jahr		3. Jahr		Abschluß	
	Soll	Haben	Soll	Haben	Soll	Haben
construction in progress	2.000.000		2.000.000			4.000.000
cash	1.600.000	1.850.000	1.900.000	1.850.000		
accounts receivable	400.000		100.000			
advance billings		2.000.000		2.000.000	4.000.000	
realized gross profit		150.000		150.000		

3. Berechnung der anteiligen Gewinnrealisierung nach US-GAAP
(vgl. Formel Abb. 5)

1. Jahr:	[(740.000 / 3.700.000)]	×	300.000 – 0	=	60.000
2. Jahr:	[(1.850.000 / 3.700.000)]	×	300.000 – 60.000	=	90.000
Fertig-stellung:	[(3.700.000 / 3.700.000)]	×	300.000 – 150.000	=	150.000

Interpretation der Ergebnisse

Der Vergleich zeigt, daß nach den US-amerikanischen Vorschriften bei der completed-contract method eine Art Bruttoausweis erfolgt. Während nach HGB lediglich die tatsächlich in der Periode zugeflossenen Geldmittel gebucht werden (Kasse an erhaltene Anzahlungen), werden im US-Abschluß zudem die ausgestellten Rechnungen (advance billings) auf der Passivseite erfaßt. Im Rahmen der percentage-of-completion method ist die Position „construction in progress" jeweils um den anteilig erfolgswirksam vereinnahmten Gewinn erhöht. Diese unterschiedliche Periodisierung wird auch in den Abschlußbuchungen (Vgl. 2.a) und b)) im Jahr der Fertigstellung deutlich.

Die US-Bilanzsumme ist immer dann größer, wenn die gebuchten Rechnungsbeträge die Zahlungen übersteigen. Dieser Unterschied würde sich auch bei Anwendung der percentage-of-completion method ergeben. Nach den Vorschriften des HGB kommt eine Teilgewinnrealisierung dann in Frage, wenn innerhalb des Gesamtprojektes abrechenbare und damit bewertbare Teilabnahmen vorgenommen werden.

3. Bewertung von Vorräten / Valuation of Inventories

Annahmen und Erläuterungen zum Beispiel (Tab. 4 und 5):

➲ Bei der Bewertung von Vorräten gilt sowohl nach HGB als auch nach US-GAAP das strenge Niederstwertprinzip. Die US-amerikanische Rechnungslegung spricht vom „lower of cost or market value". In der nachfolgenden Tabelle 4 sind unterschiedliche Werte unfertiger Erzeugnisse aufgeführt.

Fall	historische Herstellungskosten 1	Wiederherstellungskosten 2	Verkaufspreise 3	Kosten der Fertigstellung 4	realisierbarer Veräußerungserlös 5 = 3-4	normale Gewinnmarge 6	Minimum 7 = 3-4-6
1	18,50	23,00	31,00	5,00	26,00	6,00	20,00
2	42,00	38,00	51,00	2,00	49,00	9,00	40,00
3	10,50	15,00	18,00	4,00	14,00	3,00	11,00
4	56,00	50,00	61,00	3,00	58,00	9,00	49,00
5	28,00	20,00	25,00	1,00	24,00	2,00	22,00

Tab. 4: Wertetabelle für die Bewertung von Vorräten

anzusetzen sind:

Fall	**HGB** strenges Niederstwertprinzip	**US-GAAP** lower of cost or market
1	18,50	18,50
2	42,00	40,00
3	10,50	10,50
4	56,00	50,00
5	24,00	22,00

Tab. 5: Bilanzansatz nach HGB und US-GAAP

Interpretation der Ergebnisse

Fall 1: keine Abweichungen.

Fall 2: Bewertung nach US-GAAP konservativer.

Die Wiederherstellungskosten (Wiederbeschaffungskosten) spielen bei der Bewertung von unfertigen/fertigen Erzeugnissen oder Handelswaren im deutschen Handelsrecht im allgemeinen keine Rolle. Nach herrschender Meinung wird bei der retrograden Methode (Ermittlung des beizulegenden Wertes aus dem Bruttoverkaufspreis abzügl. der Kosten der Fertigstellung) die Gewinnmarge nicht berücksichtigt. Im Gegensatz dazu sieht das „lower of cost or market"-Verfahren nach US-GAAP den Abzug einer Gewinnmarge vor. Im vorliegenden Fall führt dies zu einem im Vergleich zum deutschen Bilanzansatz um 2 GE niedrigeren Vorratswert von 40 GE.

Fall 3: keine Abweichungen.

Fall 4: Bewertung nach US-GAAP konservativer.

Vgl. die Ausführungen unter Fall 2.

Fall 5: Bewertung nach US-GAAP konservativer.

Die Wertberichtigung nach US-GAAP ist höher, da hier – durch den Abzug der Gewinnmarge – bis auf 22 GE abgeschrieben werden kann. In der nachfolgenden Periode führt dies dort zu einem Gewinn von 2 GE, während in der deutschen Handelsbilanz weder ein Gewinn noch ein Verlust entsteht (verlustfreie Bewertung).

4. Bilanzierung von Pensionsrückstellungen / Accounting for Pension Cost

Annahmen und Erläuterungen zum Beispiel (Tab. 6 bis 8):

➲ Das Unternehmen bilanziert die Pensionsverpflichtung selbst (unfunded pension cost).*

➲ Aus Vereinfachungsgründen wird unterstellt, daß der (einzige) Pensionsberechtigte am Ende seiner Dienstzeit keine Rente, sondern eine Einmalzahlung erhält.

➲ Der Arbeitnehmer erwirbt pro Dienstjahr (DJ) einen Anspruch von 10% seines letzten Gehalts. Die Gehaltsentwicklung stellt sich wie folgt dar:

Jahr 1	100.000 GE
Jahr 2	115.500 GE
Jahr 3	132.300 GE
Jahr 4	162.067 GE
Jahr 5	194.481 GE

Bei fünfjähriger Unternehmenszugehörigkeit beträgt die (prognostizierte) Versorgungsleistung damit 97.240 GE (5 DJ × 10 % × 194.481 GE).

➲ Der Diskontierungssatz (settlement rate) beträgt 7 %. Ausscheidewahrscheinlichkeiten wegen Tod, Invalidität und Fluktuationen bleiben unberücksichtigt.

* Das Beispiel wurde entnommen aus: *Arbeitsgruppe Rechnungslegung* bei den Vereinten Nationen: Accounting for Pension Commitments E/C.10/AC.3/1990/7.

	Ansammlungsverfahren a. ohne Trendannahmen	Ansammlungsverfahren b. mit Trendannahmen	Gleichverteilungsverfahren c. mit Trendannahmen	Gleichverteilungsverfahren d. ohne Trendannahmen
	Dienstjahre und Gehalt am Stichtag	Dienstjahre am Stichtag und Endgehalt	Prämie konstant (Endgehalt)	Prämie konstant (Stichtagsgeh.)
Jahr 1	7.629	14.836	16.909	8.695
Jahr 2	10.693	15.875	16.909	11.484
Jahr 3	14.490	16.986	16.909	14.738
Jahr 4	23.493	18.176	16.909	22.994
Jahr 5	32.414	19.449	16.909	30.298
insgesamt ohne Zins	88.719	85.322	84.545	88.209
Zinsaufwand	8.521	11.918	12.695	9.031
insgesamt mit Zins	97.240	97.240	97.240	97.240

Tab. 6: Berechnung des Pensionsaufwandes

Wird der Zinsaufwand direkt auf die einzelnen Perioden verteilt, so ergibt sich nachfolgende Tabelle 7.

	Ansammlungsverfahren a. ohne Trendannahmen	Ansammlungsverfahren b. mit Trendannahmen	Gleichverteilungsverfahren c. mit Trendannahmen	Gleichverteilungsverfahren d. ohne Trendannahmen
	Dienstjahre und Gehalt am Stichtag	Dienstjahre am Stichtag und Endgehalt	Prämie konstant (Endgehalt)	Prämie konstant (Stichtagsgeh.)
Jahr 1	7.629	14.836	16.909	8.695
Jahr 2	11.227	16.915	18.093	12.092
Jahr 3	15.810	19207	19.359	16.193
Jahr 4	25.920	21.746	20.713	25.583
Jahr 5	36.654	24.536	22.166	34.677
insgesamt mit Zins	97.240	97.240	97.240	97.240

Tab. 7: Berechnung des Pensionsaufwandes – incl. Zinsaufwand

Die Pensionsrückstellung wächst jährlich um die in der GuV als Aufwand (pension cost) verrechneten Beträge. Dies wird in nachfolgender Tabelle 8 veranschaulicht.

	Ansammlungsverfahren a. ohne Trendannahmen	Ansammlungsverfahren b. mit Trendannahmen	Gleichverteilungsverfahren c. mit Trendannahmen	Gleichverteilungsverfahren d. ohne Trendannahmen
	Dienstjahre und Gehalt am Stichtag	Dienstjahre am Stichtag und Endgehalt	Prämie konstant (Endgehalt)	Prämie konstant (Stichtagsgeh.)
Jahr 1	7.629	14.836	16.909	8.695
Jahr 2	18.856	31.751	35.002	20.787
Jahr 3	34.666	50.958	54.361	36.980
Jahr 4	60.586	72.704	75.074	62.563
Jahr 5	97.240	97.240	97.240	97.240

Tab. 8: Entwicklung der Pensionsrückstellung

Interpretation der Ergebnisse

Die Daten in den Tabellen unter Buchstabe b. entsprechen der Vorgehensweise von SFAS No. 87; stellen also das Anwartschaftsbarwertverfahren bzw. die unit-credit method nach US-GAAP dar. Würde das Gehalt quasi „eingefroren“, so enthielten die Spalten a. und b. die gleichen Zahlen, da dann die Trendannahmen für eine Gehaltssteigerung gleich Null wären, während im Beispiel das Gehalt im Durchschnitt jährlich um 18,9 % steigt.

Das deutsche Anwartschaftsdeckungsverfahren (Gleichverteilungsverfahren) wird durch die Spalten c. und d. dargestellt. Steuerrechtlich ist nur eine Aufwandsverrechnung ohne Trendannahmen über die zukünftige Gehaltsentwicklung (Spalte d.) zulässig. Die Unternehmen wählen aus Vereinfachungsgründen diesen Ansatz i.d.R. auch für die Handelsbilanz. Vergleicht man die Spalten c. und d. in Tab. 6 miteinander, so ist die Gleichverteilung in Spalte d. – im Gegensatz zur Spalte c. – zunächst nicht ersichtlich. Dies liegt daran, daß die Gehälter eben nicht statisch sind, sondern sich dynamisch entwickeln und somit jährlich eine Nachfinanzierung zu den bestehenden Pensionsverpflichtungen notwendig wird. Würde sich das Gehalt über den betrachteten Zeitraum nicht ändern, so wäre der jährliche Aufwand 8.695 GE zuzügl. der zu verrechnenden Zinsen (insgesamt 50.000 GE am Ende der Dienstzeit).

Deutlich wird an dem Beispiel, daß der jährlich verrechnete Aufwand zu Beginn der Anwartschaft nach den US-GAAP über dem Pensionsaufwand nach HGB liegt. Da sich der Aufwand nach beiden Verfahren insgesamt nicht unterscheiden darf, muß es zu einem späteren Zeitpunkt zu einer Umkehrung kommen. Im genannten Beispiel tritt dies im Jahr 4 ein. Hieraus läßt sich ableiten, daß zumindest in einem frühen Stadium der Anwartschaftsphase in einer Vielzahl der Fälle die Zuführungen zu den Pensionsrückstellungen im US-amerikanischen Abschluß höher sind.

TEIL II

Rechnungslegung nach IAS

Kap. A

Entwicklung und Bedeutung der International Accounting Standards

IAS und IASC

International Accounting Standards (IAS) gelten als ein wesentliches Instrument der weltweiten Harmonisierung der Rechnungslegung. Sie werden vom IASC (*International Accounting Standards Committee*) herausgegeben, einer internationalen Fachorganisation der mit Rechnungslegungsfragen befaßten Berufsverbände. Das IASC wurde 1973 gegründet und hat die nachstehende Zielsetzung: „*to formulate and publish in the public interest accounting standards to be observed in the presentation of financial statements and to promote their world-wide acceptance and observance*". Wenngleich die IAS keine rechtliche Bindewirkung für einzelne Länder aufweisen, haben sich doch die nationalen Mitgliedsorganisationen des IASC verpflichtet, die Durchsetzung der IAS in ihren Heimatländern zu fördern.

Das IASC setzt sich aus Vertretern von mittlerweile über 80 nationalen Berufsorganisationen zusammen. Vertreten sind nicht nur Wirtschaftsprüfer, sondern auch Jahresabschlußersteller sowie Finanzanalysten. Die Mitgliedsorganisationen des IASC sind gleichzeitig auch Mitglieder der IFAC (*International Federation of Accountants*), die für internationale Fragen aus dem Bereich der Wirtschaftsprüfung (auditing) zuständig ist. Von deutscher Seite ist das IDW und die Wirtschaftsprüferkammer sowohl im IASC als auch in der IFAC vertreten.

Das maßgebliche Organ des IASC ist der board, der durch unterschiedliche committees und eine consultative group unterstützt wird. Der board umfaßt 39 Personen unterschiedlicher Nationalität, wobei die Vertreter aus dem anglo-amerikanischen Bilanzierungsraum überwiegen. In der consultative group sind neben anderen die EU-Kommission, der internationale Zusammenschluß nationaler Börsenaufsichtsorgane (IOSCO), aber auch als einziger nationaler standard-setter der US-amerikanische FASB vertreten. FASB und IOSCO treten zunehmend als Promotor bei der Gestaltung und weltweiten Durchsetzung der IAS auf.

International Accounting Standards

Das IASC hat bis heute 31 Standards verabschiedet (vgl. nachfolgende Abb. 20), von denen ein Großteil erst kürzlich im Rahmen des sog. „Comparability-Projektes" überarbeitet wurde und in neuer Fassung ab 1. 1. 1995 in Kraft tritt. Dieses Projekt hatte zum Ziel, die bis dahin verabschiedeten Standards neueren Rechnungslegungsentwicklungen anzupassen und vor allem die aus dem Kompromiß zwischen anglo-amerikanischer und kontinentaleuopäischer Bilanzierungstradition hervorgegangenen Wahlrechte zu beseitigen, um dadurch eine bessere grenzüberschreitende Vergleichbarkeit der Jahresabschlüsse zu erzielen. In einer Vielzahl von Fällen wurden dabei die Wahlrechte nicht völlig beseitigt; unterschieden wird nun aber zwischen empfohlenen Methoden („benchmark treatment") und alternativ zulässigen Methoden. Dabei scheint das Comparability-Projekt die Waagschale zugunsten der anglo-amerikanischen Bilanzierungstradition verschoben zu haben.

	International Accounting Standards
IAS 1	Disclosure of Accounting Policies
IAS 2	*Inventories*
IAS 4	Depreciation Accounting
IAS 5	Information to be Disclosed in Financial Statements
IAS 7	Cash Flow Statements
IAS 8	*Net Profit or Loss for the Period, Fundamental Errors and Changes in Accounting Policies*
IAS 9	*Research and Development Costs*
IAS 10	Contingencies and Events Occurring after the Balance Sheet Date
IAS 11	*Construction Contracts*
IAS 12	Accounting for Taxes on Income
IAS 13	Presentation of Current Assets and Current Liabilities
IAS 14	Reporting Financial Information by Segment
IAS 15	Information Reflecting the Effects of Changing Prices
IAS 16	*Property, Plant and Equipment*
IAS 17	Accounting for Leases
IAS 18	*Revenue*
IAS 19	*Retirement Benefit Costs*
IAS 20	Accounting for Government Grants and Disclosure of Government Assistance
IAS 21	*The Effects of Changes in Foreign Exchange Rates*
IAS 22	*Business Combinations*
IAS 23	*Borrowing Costs*
IAS 24	Related Party Disclosures
IAS 25	Accounting for Investments
IAS 26	Accounting and Reporting by Retirement Benefit Plans
IAS 27	Consolidated Financial Statements and Accounting for Investments in Subsidiaries
IAS 28	Accounting for Investments in Associates
IAS 29	Financial Reporting in Hyperinflationary Economies
IAS 30	Disclosures in the Financial Statements of Banks and Similar Financial Institutions
IAS 31	Financial Reporting of Interests in Joint Ventures

Abb. 21: International Accounting Standards

In Abb. 21 sind die im Rahmen des Comparability Projekts überarbeiteten IAS unterstrichen gekennzeichnet. IAS 3 und IAS 6 sind mittlerweile aufgehoben.

Framework for the Preparation and Presentation

Als Rahmenkonzept für die Gestaltung der IAS gilt das 1989 verabschiedete *Framework for the Preparation and Presentation of Financial Statements*. In diesem werden die maßgeblichen Ziele, Grundsätze und Methoden der IAS-Rechnungslegung beschrieben.

Als maßgebliche Zielsetzung des Jahresabschlusses gilt der Informationszweck (vgl. Abb. 22). Im Gegensatz zu den US-GAAP steht aber nicht der Investor im Mittelpunkt, sondern *„a wide range of users in making economic decisions"*. Dem Informationszweck kann nur dann entsprochen werden, wenn die Jahresabschlüsse bestimmten Grundsätzen (principal qualitative characteristics) genügen: understandability (Verständlichkeit), relevance (Entscheidungsrelevanz), reliability (Zuverlässigkeit) und comparability (Vergleichbarkeit).

Verständlichkeit: Die Idee, daß Jahresabschlüsse leicht verständlich sein sollten, ist dem deutschen Recht fremd. Der deutsche Grundsatz der Klarheit geht von „sachverständigen Dritten" aus und hebt auf einen zweifelsfreien Bilanzausweis ab.

Entscheidungsrelevanz: Jahresabschlüsse erfüllen einen Informationszweck für zukunftsgerichtete Entscheidungen. Dabei muß auch dem Prinzip der Wesentlichkeit (materiality) entsprochen werden, ein Grundsatz, der im deutschen Recht nicht explizit verankert ist.

Vergleichbarkeit: Jahresabschlüsse sollten vergleichbar sein, zum einen, was unterschiedliche Geschäftsjahre angeht (Stetigkeit), zum anderen sollten sachgerechte Vergleiche zwischen unterschiedlichen Unternehmen möglich sein. Dazu ist vor allem eine Offenlegung der Bilanzierungsmethoden und -annahmen erforderlich.

Zuverlässigkeit: Aus dem Gebot der zuverlässigen Informationsvermittlung ergeben sich Forderungen nach Richtigkeit (faithful representation), Willkürfreiheit (neutrality), vorsichtiger Bilanzierung (prudence) und Vollständigkeit (completeness). Unumstritten ist dabei, daß das Vorsichtsprinzip schwächer gewichtet wird als im kontinentaleuropäischen Bilanzierungsraum üblich.

Die Grundsätze sollten in einem ausgewogenen Maße berücksichtigt werden. Kommt es zu einem Konflikt zwischen unterschiedlichen Grundsätzen, so überläßt das IASC es der fachlichen Beurteilung im Einzelfall, welchem Grundsatz der Vorzug zu geben ist.

Die Bilanzierung fußt auf der going-concern-Annahme sowie auf dem Grundsatz der periodengerechten Aufwands- und Ertragszuordnung (accrual basis). Aufwendungen sind erst in jener Periode zu erfassen, in der auch der aus dem gleichen Vorgang resultierende Ertrag realisiert werden kann.

Unterschiede zum deutschen Recht

Insbesondere nach Abschluß des Comparability-Projektes weisen die IAS einige, wesentliche Unterschiede zum deutschen Recht auf: nach IAS sind handels- und steuerrechtliche Bilanzierung streng getrennt, Aufwandsrückstellungen unzulässig, die Gewinnrealisierung abweichend definiert. Die IAS eröffnen weit weniger Bilanzierungs- und Bewertungswahlrechte, legen aber Wert auf umfangreiche Anhangangaben und Erläuterungen.

Die weitere Arbeit des IASC

Das IASC plant für die nächste Zeit, internationale Standards zu den Themenbereichen „Financial Instruments“ und „Intangible Assets“ vorzulegen. Überarbeitet werden zur Zeit IAS 5, IAS 12 und IAS 14. Ferner soll ein neuer IAS „Earnings per Share“ erarbeitet werden.

Aktualität der IAS

Ihre Aktualität erlangen die IAS dadurch, daß die IOSCO (*International Organisation of Securities Commissions*) plant, diese Rechnungslegungsstandards weltweit als Voraussetzung für Börsenzulassungen einzuführen. Als ersten Standard hat IOSCO Ende des Jahres 1993 IAS 7 (Cash Flow Statements) akzeptiert und seine nationalen Mitgliedsorganisationen aufgefordert, alle Schritte zu unternehmen, um IAS 7 in ihren Heimatländern verbindlich durchzusetzen.

Die folgende Darstellung einzelner Rechnungslegungsstandards versteht sich als eine erste einführende Übersicht, nicht als umfassende Darstellung und Interpretation. Darüber hinaus lassen im Originaltext einzelne Stellen Interpretationsfragen offen, die in Zukunft noch geklärt werden müssen. Die im Rahmen des Comparability-Projekts überarbeiteten IAS werden in der neuen Fassung, gültig ab 1.1.1995, dargestellt.

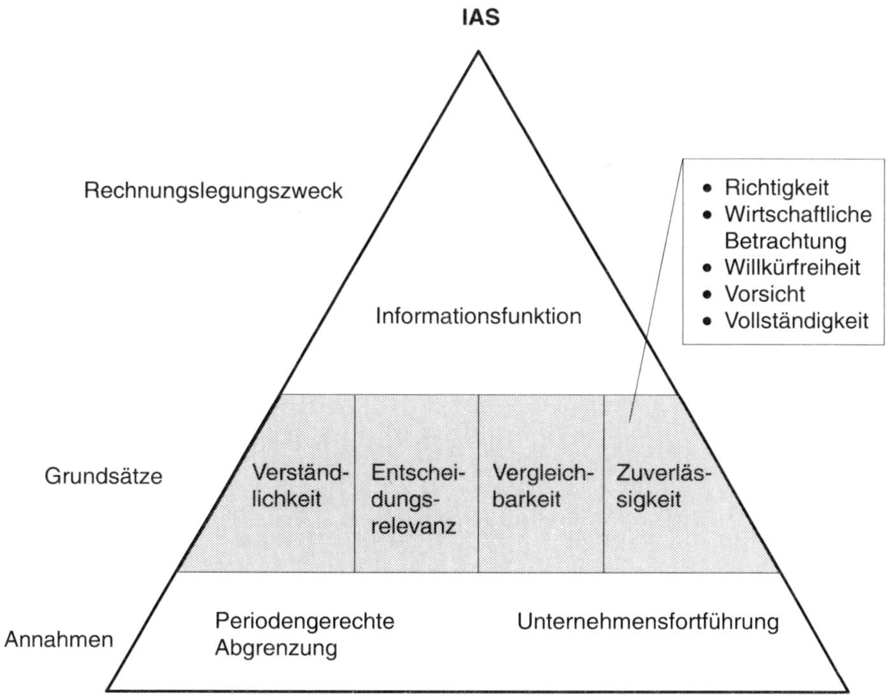

Abb. 22: IAS-Rechnungslegungsgrundsätze

Kap. B

International Accounting Standards Nr. 1 bis 31

Bilanzierungsvorschrift: **IAS 1: Disclosure of Accounting Policies (Offenlegung der Rechnungslegungsgrundsätze)**
gültig: seit 01.01.1975

Grundlagen

IAS 1 verlangt die Beachtung folgender Grundsätze, die als „Grundvoraussetzungen" ordnungsmäßiger Rechnungslegung angesehen werden:

- going concern (Fortführungsprinzip),
- consistency (Stetigkeitsprinzip),
- accrual (Periodisierungsprinzip).

Für die Auswahl und Anwendung der nach IAS 1 ansonsten nicht bestimmten Methoden der Rechnungslegung sollen die „significant accounting policies" maßgebend sein. Darunter werden folgende Prinzipien verstanden:

- prudence (Vorsichtsprinzip),
- substance over form (Inhalt vor Form),
- materiality (Wesentlichkeit).

Offenlegungspflichten

- Angewandte wesentliche Methoden der Rechnungslegung; eine falsche oder unangemessene Behandlung von Posten in der Bilanz, der Gewinn- und Verlustrechung oder in Nebenrechnungen kann *nicht* durch diese Offenlegung geheilt werden;
- Abweichungen von den „Grundvoraussetzungen ordnungsmäßiger Rechnungslegung" (going concern, consistency, accrual) unter der Angabe von Gründen;
- Änderungen bisher angewandter Rechnungslegungsmethoden, die eine wesentliche Auswirkung in dem vorgelegten oder in zukünftigen Jahresabschlüssen haben; Angabe der Gründe der Änderung. Sind die Auswirkungen der Änderung wesentlich, sind sie zu quantifizieren;
- Vorjahreszahlen.

KOMPATIBILITÄT MIT HGB:

1. Eine Angabe zu angewandten Rechnungslegungsgrundsätzen ist nach HGB (für Nicht-Kapitalgesellschaften) grundsätzlich nicht gefordert.
2. Fraglich ist, ob die in IAS 1 als „significant accounting policies" bezeichneten Grundsätze, hier insbesondere das Vorsichtsprinzip, in gleicher Weise wie in Deutschland ausgelegt werden und welchen Stellenwert der „true and fair view" besitzt.

Bilanzierungsvorschrift: **IAS 2: Inventories (Vorräte)**
gültig: seit 01.01.1976, ab 01.01.1995 in neuer Fassung
vorherige Bezeichnung: Valuation and Presentation of Inventories in the Context of the Historical Cost System

Grundlagen

Vorräte sind zu Anschaffungs-/Herstellungskosten (AHK), bei Wertminderungen zum niedrigeren realisierbaren Nettowert anzusetzen. Letzterer entspricht dem geschätzten Verkaufspreis abzüglich der Fertigstellungskosten und abzüglich der anteiligen Verkaufs- und Verwaltungskosten. Liegt ein vertraglich vereinbarter Kaufpreis vor, gilt dieser als Bewertungsmaßstab. Vorräte sollen auch bei unter den AHK liegenden aktuellen Marktwerten weiterhin mit den AHK angesetzt werden, wenn zu erwarten ist, daß die mit ihnen erstellten Fertigerzeugnisse zumindest zu den jeweiligen Herstellungskosten verkauft werden können.

Anschaffungs- und Herstellungskosten

Die *Anschaffungskosten* umfassen den Anschaffungspreis einschließlich Importzölle und Steuern, Transport- und Verbringungskosten sowie alle anderen direkt zurechenbaren Kosten, die bei der Anschaffung entstehen, abzüglich Boni, Rabatte und Skonti. Zu den *Herstellungskosten* zählen neben den Einzelkosten Teile der fixen und variablen Fertigungsgemeinkosten sowie anderer Gemeinkosten, die dazu beitragen, die Vorräte an ihren derzeitigen Ort und in ihre derzeitige Beschaffenheit zu bringen.

Grundlage für die Zurechnung von fixen Fertigungsgemeinkosten ist im allgemeinen die Normalkapazität. Die aktuelle Kapazität darf zugrunde gelegt werden, wenn sie von dieser nicht zu stark abweicht. Grundlage für die Zurechnung variabler Gemeinkosten ist die tatsächliche Auslastung der Kapazität. Überhöhte Beträge für Ausschuß, Löhne oder sonstige Kosten, Kosten der Endlagerung, Verwaltungsgemeinkosten ohne Bezug zur Fertigung und Verkaufskosten sind nicht in die Vorratsbewertung einzubeziehen. Unter bestimmten Bedingungen sind auch Fremdkapitalkosten als Teil der Anschaffungs- bzw. Herstellungskosten zu aktivieren (vgl. hierzu IAS 23).

Bewertungsvereinfachungsverfahren

1. Empfohlene Vereinfachungsverfahren:

Fifo-Verfahren und *Methode des gewogenen Durchschnitts.*

2. Zulässige Vereinfachungsverfahren:

Lifo-Verfahren (unter Angabe ergänzender Informationen).

Die *Standardkostenmethode* (standard cost method) ist zulässig, wenn die Anwendung dieser Methode zu ähnlichen Ergebnissen führt wie die Bewertung mit den empfohlenen Methoden. Bei Anwendung der Standardkostenmethode ist von der Normalauslastung der Kapazität auszugehen.

3. Unzulässiges Vereinfachungsverfahren:

Festwertverfahren.

Bei nicht-fungiblen Vorräten oder Gegenständen, die für bestimmte Zwecke hergestellt und ausgesondert wurden, ist die Einzelbewertung vorgeschrieben (specific identification of individual costs).

Offenlegungspflichten

Allgemeine Offenlegungspflichten

- Angewandte Bewertungsmethoden;
- Buchwert der Vorräte insgesamt und nach unternehmensspezifischen Unterteilungen;
- Buchwerte der Vorräte, die zu Marktwerten bilanziert wurden;
- Umstände oder Ereignisse, die zu einer Wertaufholung geführt haben;
- Betrag der erfolgswirksamen Wertaufholungen der Periode;
- Buchwerte verpfändeter Vorratsgegenstände;

  Bei Anwendung des Umsatzkostenverfahrens:
- Kosten der verkauften Produkte inklusive bisher noch nicht verteilter Fertigungsgemeinkosten und außergewöhnlicher Fertigungskosten, sowie bei Bedarf weitere Kostenbestandteile, wie z.B. Vertriebskosten.

  Bei Anwendung des Gesamtkostenverfahrens:
- Kosten für die in der Periode erstellten Produkte gegliedert nach Aufwandsarten.

Zusätzliche Offenlegungspflichten bei Anwendung der Lifo-Methode

- Angabe der Differenz zwischen dem Betrag bei Bewertung mit der Lifo-Methode und dem niedrigeren Wert der Bewertung nach einem der beiden empfohlenen Verfahren;
- Angabe der Differenz zwischen der Bewertung mit der Lifo-Methode und dem niedrigeren Wert der Bewertung mit dem Stichtagswert bzw. der Bewertung zum niedrigeren realisierbaren Nettowert.

KOMPATIBILITÄT MIT HGB:

1. Das Verbot der Festbewertung widerspricht dem Wahlrecht des § 240 III HGB.
2. Die Lifo-Methode ist nach § 256 HGB grundsätzlich und ohne zusätzliche Offenlegungspflichten zulässig.
3. Der Gemeinkostenansatz ist gem. § 255 II S. 3 und 4 HGB nur ein Wahlrecht.
4. Die Bewertung mit der Standardkostenmethode ist nach HGB nicht vorgesehen.

Bilanzierungsvorschrift: **IAS 4: Depreciation Accounting (Abschreibungen)**
gültig: seit 01.01.1977; wird durch die Neufassung des IAS 16 für den Bereich „Sachanlagen" ab 01.01. 1995 außer Kraft gesetzt

Grundlagen

Ab dem 01.01.1995 gilt IAS 4 lediglich für Abschreibungen auf immaterielle Vermögensgegenstände. IAS 4 verlangt eine planmäßige Verteilung der Anschaffungs-/Herstellungskosten von Anlagegegenständen auf deren jeweilige Nutzungsdauer.

Abschreibungsverfahren

Die Wahl des Abschreibungsverfahrens ist weitgehend frei, darf aber nicht von steuerlichen Erwägungen oder von der Ertragslage des Unternehmens beeinflußt sein. Das Abschreibungsverfahren muß dem Stetigkeitsgrundsatz entsprechend angewandt werden.

Die Nutzungsdauer der Anlagegegenstände ist unter Berücksichtigung des Materialverschleißes, der Alterung sowie rechtlicher oder sonstiger Nutzungsgrenzen festzulegen. Unwesentliche Restwerte dürfen vernachlässigt werden, bedeutende Restwerte sind abzüglich zu erwartender Veräußerungs- oder Verschrottungskosten zu berücksichtigen. Die Nutzungsdauer abschreibungsfähiger Aktiva ist periodisch zu überprüfen. Wenn eine erhebliche Änderung der Nutzungsdauer festgestellt werden kann, sind die Abschreibungssätze zu berichtigen.

Offenlegungspflichten

- angewandte Abschreibungsmethoden;
- zugrundegelegte Nutzungsdauern bzw. angewandte Abschreibungssätze;
- Gesamtabschreibungsbetrag der Periode;
- Anschaffungs-/Herstellungskosten der Anlagegüter sowie die zugehörigen kumulierten Abschreibungen;
- Gründe eines Methodenwechsels; Angabe der entsprechenden zahlenmäßigen Auswirkungen.

KOMPATIBILITÄT MIT HGB:

1. Steuerrechtliche Abschreibungen gem. § 254 HGB sind nach IAS unzulässig.
2. Nach IAS sind die Gründe eines Wechsels des Abschreibungsverfahrens ebenso anzugeben wie die entsprechenden zahlenmäßigen Auswirkungen.

Bilanzierungsvorschrift: **IAS 5: Information to be Disclosed in Financial Statements (Offenlegung)**
gültig: seit 01.01.1977; wird z. Zt. im Rahmen des „Presentation Project" überarbeitet

Bilanzausweis und Gliederung

Der Bilanzausweis muß klar und verständlich sein sowie dem Grundsatz der Wesentlichkeit genügen. Im Zweifel sind zusätzliche Erläuterungen erforderlich. IAS 5 enthält keine detaillierten Gliederungsvorschriften, fordert aber den Ausweis der in Abb. 23 gezeigten Posten, die hier in Kontoform angeordnet sind. Vorjahreszahlen sind dabei als Vergleichszahlen anzugeben.

Assets	**Shareholders' Interests and Liabilities**
Long-term assets *Property, plant and equipment* (a) Land and buildings (b) Plant and equipment (c) Other assets, suitably identified (d) Accumulated depreciation *Other long-term assets* (a) Long-term investments (b) Long-term receivables (c) Goodwill (d) Patents, trademarks, and similar assets (e) Expenditures carried forward, for example preliminary expenses and deferred taxes **Current assets** (a) Cash and cash equivalents (b) Marketable securities, other than long-term investments (c) Receivables (d) Inventories	**Shareholders' Interests** (a) Share capital (b) Other equity, indicating the movement for the period and any restrictions on distribution **Liabilities** *Long-term liabilities* (a) Secured loans (b) Unsecured loans (c) Intercompany loans (d) Loans from associated companies *Current liabilities* (a) Bank loans and overdrafts (b) Current portion of long-term liabilities (c) Payables *Other liabilities and provisions*

Abb. 23: Bilanzausweis nach IAS

Für die langfristigen Verbindlichkeiten (*long-term liabilities*) sind die Finanzierungskonditionen offenzulegen. Bei den *long-term investments* sind gesondert zu zeigen: Beteiligungen an Tochtergesellschaften und an assoziierten Unternehmen. Die *long-term receivables* umfassen langfristige Forderungen aus Lieferungen und Leistungen, Forderungen an Mitglieder von Leitungsgremien, Forderungen gegenüber verbundenen und assoziierten Unternehmen, sonstige Forderungen. Für (kurzfristige) *receivables* gilt die gleiche Untergliederung.

Beim Aktienkapital (*share capital*) ist für jede Aktiengruppe anzugeben:

- Anzahl oder Höhe des genehmigten, ausgegebenen und ausstehenden Kapitals;
- noch nicht eingezahltes Kapital;
- Nennwert oder gesetzlicher Wert der Anteile;
- Entwicklung der Kapitalanteile im Geschäftsjahr;
- Vorzugsrechte und Einschränkungen hinsichtlicht der Dividende und der Kapitalrückzahlung;
- zurückerworbene Anteile;
- Aktienoptionen.

Weitere Hauptpostenuntergliederungen zeigen die nachfolgenden Darstellungen.

Payables
Accounts and notes payable – trade
Payables to directors
Intercompany payables
Associated company payables
Taxes on income
Dividends payable
Other payables and accrued expenses

Other equity
Capital paid-in excess
Revaluation surplus
Reserves
Retained earnings

Weitere Offenlegungspflichten

Offenzulegen sind Angaben allgemeiner Art wie Firma, Rechtsform, Sitz, Währung, Abschlußdatum, Rechnungslegungsperiode sowie eine kurze Beschreibung der Geschäftstätigkeit. Darüber hinaus müssen geltende Verfügungsbeschränkungen, eingeräumte Sicherheiten, Eventualforderungen und -verbindlichkeiten, die Methoden der Vorsorge für Pensionen und Ruhegehälter sowie das Bestellobligo für Anlageinvestitionen angegeben werden.

KOMPATIBILITÄT MIT HGB:

Es besteht nur eine eingeschränkte Konformität zwischen den Gliederungs- und Offenlegungspflichten nach IAS und HGB.

Bilanzierungsvorschrift: **IAS 7: Cash Flow Statements (Kapitalflußrechnung)**
gültig: seit 01.01.1979; ab 01.01.1994 in neuer Fassung
vorherige Bezeichnung: Statement of Changes in Financial Position

Grundlagen

Das Cash-Flow-Statement dient der Ermittlung und Darstellung des Cash-Flow und enthält eine Gegenüberstellung der cash und cash equivalents zu Beginn des Geschäftsjahres mit dem Betrag am Ende des Geschäftsjahres. IAS 7 entspricht in weiten Teilen US-GAAP (vgl. 1. Teil, Kap. D). Unter „cash" sind Geld und Sichtguthaben, unter „cash equivalents" kurzfristige hochliquide, risikolose Anlagen zu verstehen (i.d.R. mit einer Laufzeit von maximal drei Monaten). Jedes Unternehmen hat anzugeben, welche Posten es in die cash und cash equivalents einbezieht.

Cash-Flow-Rechnung

Der Cash-Flow läßt sich in drei Bereiche aufteilen:

a) **Cash-Flow aus Betriebstätigkeit** (*operating activities*)

b) **Cash-Flow aus Investitionstätigkeit** *(investing activities)*

c) **Cash-Flow aus Finanzierungstätigkeit** (*financing activities*)

Der Cash-Flow aus Betriebstätigkeit kann nach der direkten oder der indirekten Methode ermittelt werden, wobei die Anwendung der direkten Methode empfohlen wird.

Die Einzahlungen und Auszahlungen aus Investitions- und Finanzierungstätigkeiten dürfen nicht miteinander verrechnet werden, sofern es sich um maßgebliche Posten handelt. Auf jeden Fall gesondert auszuweisen sind Zinsen, Dividenden und Steuern sowie Cash-Flows, die aus dem Erwerb oder Verkauf von Tochtergesellschaften resultieren. Außerordentliche Posten sind, sofern wesentlich, gesondert auszuweisen.

Offenzulegen sind ferner jene wesentlichen cash und cash equivalents einer Konzernunternehmung, auf die kein Zugriff möglich ist, etwa weil eine ausländische Tochtergesellschaft der Devisenbewirtschaftung unterliegt.

Direct Method Cash Flow Statement

Cash flows from operating activities		
Cash receipts from customers	30,150	
Cash paid to suppliers and employees	(27,600)	
Cash generated from operations	2,550	
Interest paid	(270)	
Income taxes paid	(900)	
Cash flow before extraordinary item	1,380	
Proceeds from earthquake disaster settlement	180	
Net cash from operating activities		1,560
Cash flows from investing activities		
Acquisition of subsidiary X, net of cash acquired	(550)	
Purchase of property, plant and equipment	(350)	
Proceeds from sale of equipment	20	
Interest received	200	
Dividends received	200	
Net cash used in investing activities		(480)
Cash flows from financing activities		
Proceeds from issuance of share capital	250	
Proceeds from long-term borrowings	250	
Payment of finance lease liabilities	(90)	
Dividends paid	(1,200)	
Net cash used in financing activities		(790)
Net increase in cash and cash equivalents		290
Cash and cash equivalents at beginning of period		120
Cash and cash equivalents at end of period		410

Indirect Method Cash Flow Statement

Cash flows from operating activities		
Net profit before taxation, and extraordinary item	3,350	
Adjustments for:		
Depreciation	450	
Foreign exchange loss	40	
Investment income	(500)	
Interest expense	400	
Operating profit before working capital changes	3,740	
Increase in trade and other receivables	(500)	
Decrease in inventories	1,050	
Decrease in trade payables	(1,740)	
Cash generated from operations	2,550	
Interest paid	(270)	
Income taxes paid	(900)	
Cash flow before extraordinary item	1,380	
Proceeds from earthquake disaster settlement	180	
Net cash from operating activities		1,560
Cash flows from investing activities		
Acquisition of subsidiary X net of cash acquired	(550)	
Purchase of property, plant and equipment	(350)	
Proceeds from sale of equipment	20	
Interest received	200	
Dividends received	200	
Net cash used in investing activities		(480)
Cash flows from financing activities		
Proceeds from issuance of share capital	250	
Proceeds from long-term borrowings	250	
Payment of finance lease liabilities	(90)	
Dividends paid	(1,200)	
Net cash used in financing activities		(790)
Net increase in cash and cash equivalents		290
Cash and cash equivalents at beginning of period		120
Cash and cash equivalents at end of period		410

Bilanzierungsvorschrift: **IAS 8: Net Profit or Loss for the Period, Fundamental Errors and Changes in Accounting Policies (Jahresüberschuß, wesentliche Fehler und Bilanzierungsänderungen)**
gültig: seit 01.01.1979, ab 01.01.1995 in neuer Fassung
vorherige Bezeichnung: Unusual and Prior Period Items and Changes in Accounting Policies

Jahresüberschuß

Der Jahresüberschuß (net profit or loss) wird in der Gewinn- und Verlustrechnung ermittelt und setzt sich aus dem ordentlichen Ergebnis (profit or loss from ordinary activities) und außerordentlichen Posten (extraordinary items) zusammen.

Außerordentliche Posten (Extraordinary Items)

Außerordentliche Posten sind art- und betragsmäßig gesondert auszuweisen. Was als außerordentlicher Posten gilt, wird eng definiert. Es handelt sich um Posten, die sich klar von der gewöhnlichen Geschäftstätigkeit unterscheiden und daher i.d.R. weder häufig, noch regelmäßig auftreten. Als Beispiele werden Aufwendungen im Zusammenhang mit Enteignungen angeführt.

IAS 8 trennt von den außerordentlichen Aufwendungen und Erträgen jene Aufwendungen und Erträge, die aufgrund ihrer Höhe, Art oder Ursache eine solche Auswirkung auf das Ergebnis haben, daß ihre Nichtoffenlegung die notwendige Informationsversorgung der Jahresabschlußadressaten beeinträchtigen würde. Hierzu gehören z. B. Abwertungen aufgrund des Niederstwertprinzips bzw. entsprechende Wertaufholungen, Umstrukturierungen, Abgänge von Anlagevermögen oder Beteiligungen (discontinued operations), Beendigungen von Rechtsstreitigkeiten und schließlich die Aufgabe von Geschäftsbereichen. Aufwendungen dieser Art sind gesondert offenzulegen.

Änderungen von Bilanzierungsannahmen
(Changes in Accounting Estimates)

Bei der Erstellung von Jahresabschlüssen sind in Teilbereichen zwangsläufig Schätzungen erforderlich (z. B. Nutzungsdauerschätzungen bei Abschreibungen). Liegen neue, die Annahmen verändernde Informationen vor, so wird eine entsprechende Modifikation der Bewertung notwendig. Die entsprechenden Korrekturen sind in der GuV bei dem Posten auszuweisen, der auch für die Zuordnung der ursprünglichen Schätzung relevant war. Rückwirkende Änderungen sind nicht vorgesehen, die Auswirkung der Bewertungsänderung ist frühestens in der laufenden Periode zu berücksichtigen.

Wesentliche Fehler (Fundamental Errors)

Festgestellte Bewertungs- oder Bilanzierungsfehler aus Vorjahren werden grundsätzlich im laufenden Jahresabschluß korrigiert. Eine Ausnahme stellen sog. „fundamental errors" dar. Von diesen wird gesprochen, wenn die vorangegangenen Fehler so groß sind, daß die zurückliegenden Jahresabschlüsse als nicht mehr zuverlässig (reliable) angesehen werden können. In diesen Fällen ist es erforderlich, den Jahresabschlußadressaten gesonderte Informationen zukommen zu lassen, was in zwei Formen geschehen kann:

1. Empfohlenes Vorgehen:

Der Jahresabschluß soll so dargestellt werden, als ob der „fundamental error" in der Periode berichtigt worden wäre, in der er sich ereignet hat. Vorjahreszahlen werden daher – sofern möglich – erfolgswirksam korrigiert; Fehler aus nicht mehr dargestellten Perioden (i.d.R. Abschluß der Vor-Vorperiode) werden berücksichtigt, indem die Gewinnrücklagen in den Eröffnungsbuchungen der ältesten ausgewiesenen Periode (i.d.R. Vorperiode) angepaßt werden. Sämtliche anderen Informationen über Vorperioden sind ebenfalls anzupassen.

2. Alternatives Vorgehen:

Alternativ darf der Korrekturbetrag auch in der Ergebnisrechnung des laufenden Jahres berücksichtigt werden. Diese Methode ist insbesondere für Länder gedacht, in denen die im Jahresabschluß präsentierten Vergleichszahlen den Zahlen vorangegangener Jahresabschlüsse entsprechen müssen. Wird diese Methode angewandt, sind – falls möglich – ergänzende Informationen der ersten Methode erforderlich, um den Gewinn/Verlust früherer Perioden so zu zeigen, wie er bei Korrektur des Fehlers gewesen wäre.

Änderung von Bilanzierungs- und Bewertungsmethoden
(Changes in Accounting Policies)

Grundsätzlich ist das Stetigkeitsprinzip zu beachten. Bilanzierungsmethoden sind nur zu ändern, wenn dies durch Satzung oder Gesetz gefordert wird oder zur Erreichung einer besseren Darstellung im Jahresabschluß erforderlich ist. Änderungen von Bilanzierungsmethoden, die auf der Anwendung bestimmter IAS beruhen (z. B. die Entscheidung, Sachanlagevermögen neuzubewerten) sind grundsätzlich nach den dort genannten Übergangsbestimmungen zu behandeln. Für bereits publizierte, aber noch nicht in Kraft getretene IAS, die bei Inkrafttreten Bilanzierungsänderungen erforderlich machen, werden die Unternehmen aufgefordert, Art und geschätzte Auswirkung der künftigen Änderung auf den Jahresüberschuß sowie auf die Vermögens- und Finanzlage darzulegen.

Bei Nichtvorliegen spezifischer Bestimmungen ist alternativ nach folgenden Methoden vorzugehen:

1. Empfohlene Methode:

Änderungen von Bilanzierungsmethoden sind grundsätzlich so zu behandeln, als wäre die Bilanzierungsänderung bereits bei Erstverbuchung beachtet worden (retrospective). Die jeweils erforderlichen Anpassungen erfolgen entsprechend der Handhabung bei Korrektur wesentlicher Fehler direkt oder für nicht mehr dargestellte Vorjahre indirekt durch Korrektur der Gewinnrücklagen. Kann der Anpassungsbetrag für frühere Perioden nicht zuverlässig bestimmt werden, ist vorausschauend (prospectiv) vorzugehen, d.h. Änderungen von Bilanzierungsprinzipien werden nur auf Geschäftsvorfälle angewandt, die nach der Entscheidung zur Änderung auftreten.

2. Alternative Methode:

Entsprechend der alternativen Methode zur Berücksichtigung wesentlicher Fehler dürfen durch Rückschau ermittelte Auswirkungen von Änderungen von Bilanzierungsprinzipien auch in der Ergebnisrechnung des laufenden Jahres berücksichtigt werden. Dabei sind ggf. zusätzliche Informationen i.S.d. empfohlenen Methode erforderlich.

Offenlegungspflichten

Außerordentliche Aufwendungen und Erträge

Art und Höhe jedes außerordentlichen Postens sind separat offenzulegen. Die Offenlegung erfolgt dabei als Direktvermerk in der Gewinn- und Verlustrechnung. Alternativ kann eine Offenlegung im Anhang erfolgen; in diesem Fall genügt es, in der GuV nur den Gesamtbetrag der außerordentlichen Posten anzugeben.

Wegen ihrer Art oder Höhe offenzulegende ordentliche Aufwendungen/Erträge

Entsprechende Informationen werden regelmäßig im Anhang gegeben.
Zusätzliche Offenlegungspflichten bei der Aufgabe von Geschäftsbereichen:

- Art des aufgegebenen Geschäftsbereiches;
- Sparte und Region, unter der über diesen Geschäftsbereich nach IAS 14 (Reporting Financial Information by Segment) berichtet wurde;
- Art und Zeitpunkt der Aufgabe;
- Angabe über den Aufgabegewinn, -verlust (inklusive einer Angabe über die Bewertungspolitik zur Bestimmung dieses Gewinnes/Verlustes) sowie
- Angabe über den bis dahin in diesem Geschäftsbereich erzielten operativen Jahresgewinn/-verlust zusammen mit den entsprechenden Vorjahreszahlen.
  Die geforderten Offenlegungen sind auch für künftig geplante Aufgaben von Geschäftsbereichen – soweit zuverlässig schätzbar – zu geben.

Änderung von Bilanzierungsannahmen (Changes in Accounting Estimates)

Art und Betrag einer Schätzungsänderung, sofern diese Änderung eine erhebliche Auswirkung hat. Ist es unmöglich, den Betrag zu quantifizieren, ist hierauf hinzuweisen.

Wesentliche Fehler (Fundamental Errors)

Offenlegungspflichten bei Anwendung des empfohlenen Vorgehens:

- Art des „fundamental error“;
- Höhe des direkt berücksichtigten Korrekturbetrags je Periode;
- Höhe des mittels Korrektur der Gewinnrücklagen berücksichtigten Korrekturbetrages;
- Angabe einer durchgeführten oder unmöglichen Korrektur.

Offenlegungspflichten bei Anwendung des alternativen Vorgehens:

- Art des „fundamental error“;
- Höhe des in der laufenden Gewinn- und Verlustrechnung berücksichtigten Korrekturbetrages;

- Höhe der Korrekturbeträge, die dargestellte Perioden bzw. vorherige Perioden betreffen und für die zusätzliche Informationen gegeben wurden; konnten keine zusätzlichen Informationen gegeben werden, ist hierauf hinzuweisen.

Änderung von Bilanzierungs- und Bewertungsgrundsätzen (Changes in Accounting Policies)

Bei wesentlichem Einfluß der Änderung von Bilanzierungsmethoden auf Vorjahres-, laufende oder künftige Jahresabschlußangaben haben folgende Offenlegungen zu erfolgen:

Offenlegungspflichten bei Anwendung der *empfohlenen* Methode:

- Gründe für die Änderung;
- Höhe des direkt berücksichtigten Korrekturbetrags je Periode;
- Höhe des mittels Korrektur der Gewinnrücklagen berücksichtigten Korrekturbetrages;
- Angabe einer durchgeführten oder unmöglichen Korrektur.

Offenlegungspflichten bei Anwendung der *alternativen* Methode:

- Gründe für die Änderung;
- Höhe des in der laufenden Gewinn- und Verlustrechnung berücksichtigten Korrekturbetrages;
- Höhe der Korrekturbeträge, die dargestellte Perioden bzw. vorherige Perioden betreffen und für die zusätzliche Informationen gegeben wurden; konnten keine zusätzlichen Informationen gegeben werden, ist hierauf hinzuweisen.

KOMPATIBILITÄT MIT HGB:

1. Pflicht der Erläuterung außerordentlicher Erträge und Aufwendungen im Anhang besteht nach HGB nur für Kapitalgesellschaften unter der Voraussetzung, daß die ausgewiesenen Beträge für die Beurteilung der Ertragslage nicht von untergeordneter Bedeutung sind (§ 277 IV HGB).
2. Eine Pflicht zur Offenlegung der von den außerordentlichen Erträgen/Aufwendungen zu trennenden Beträge von besonderer Bedeutung für das Ergebnis besteht nach deutschem Recht nicht. Bezüglich der Aufgabe von Geschäftsfeldern verlangt IAS 8 Erläuterungen, wie sie in Deutschland weder vorgeschrieben noch üblich sind.
3. Im deutschen Recht ist eine rückgreifende Bilanzberichtigung bis zur Fehlerquelle nur bei Nichtigkeit oder erfolgreicher Anfechtung des Jahresabschlusses möglich (mit der Konsequenz einer anschließenden erneuten Feststellung durch die zuständigen Gremien). Deutschem Recht weitestgehend entsprechend ist die alternativ zulässige Methode, die eine Korrektur im laufenden Jahresabschluß erlaubt.
4. Offenlegungspflichten im Hinblick auf wesentliche Fehler können sich für Kapitalgesellschaften nach deutschem Recht ergeben, wenn deren Korrektur zu einer Änderung der Bilanzierungs- und Bewertungsmethode führt (§ 284 II Nr. 3 HGB), aus § 264 II HGB (true and fair view) oder wenn die Vergleichbarkeit zu den Vorjahreszahlen nicht mehr gegeben ist (§ 265 II S. 2 HGB).
5. Obwohl im deutschen Recht nach herrschender Meinung Abweichungen vom Stetigkeitsprinzip nur sehr begrenzt zulässig sind, werden doch weit mehr Änderungsgründe als nach IAS 8 für zulässig erachtet.
6. Die Offenlegung und Begründung der Änderung von Bilanzierungs- und Bewertungsmethoden ist auch nach HGB zwingend. Hinsichtlich einer Angabepflicht konkreter Beträge, die aus den Änderungen resultieren, herrscht jedoch keine Einigkeit. Man begnügt sich z. T. mit verbalen Darstellungen oder mit Verhältnis- bzw. Prozentzahlen.

Bilanzierungsvorschrift: **IAS 9: Research and Development Costs (Forschungs- und Entwicklungsaufwand)**
gültig: seit 01.01.1980; ab 01.01.1995 in neuer Fassung
vorherige Bezeichnung: Accounting for Research and Development Costs

Ansatz

IAS 9 setzt die Eigennutzung der Forschungs- und Entwicklungsergebnisse voraus. Anderenfalls finden IAS 2 (Vorräte) bzw. IAS 11 (Fertigungsaufträge) Anwendung.

Nach IAS 9 ist *Forschungsaufwand* nicht zu aktivieren, sondern als Periodenaufwand zu behandeln. Die Forschungskosten sind in der Erfolgsrechnung oder im Anhang offenzulegen.

Entwicklungskosten sind im allgemeinen ebenfalls als Periodenaufwand zu behandeln. Sie sollen aber dann aktiviert werden, wenn sie separat identifizierbar sind, verläßlich ermittelt werden können und alle folgenden Kriterien kumulativ zutreffen:

1. Die technische Realisierbarkeit des entwickelten Produktes oder Verfahrens kann nachgewiesen werden.
2. Das Unternehmen beabsichtigt, das Produkt entweder selbst zu nutzen oder auf dem Markt abzusetzen.
3. Es besteht ein Markt für das Produkt/Verfahren, oder es ist zumindest eine sachgerechte unternehmensinterne Verwendung nachweisbar.
4. Es existieren ausreichende Ressourcen, die es erlauben, das Projekt zu vollenden und das Produkt/Verfahren zur Marktreife zu führen oder selbst zu nutzen.

Bewertung

Forschungs- und Entwicklungskosten sind mit den zurechenbaren Einzelkosten sowie plausibel zurechenbaren Gemeinkosten zu bewerten. Vertriebskosten sind nicht aktivierungsfähig. Fremdkapitalkosten können unter den Voraussetzungen von IAS 23 aktiviert werden.

Der insgesamt als Entwicklungskosten aktivierte Betrag darf jedoch den Betrag der für die Zukunft erwarteten, um die zurechenbaren Produktions- und Vertriebskosten korrigierten Erträge nicht übersteigen. Zu den Erträgen zählen neben den Verkaufserlösen auch Kosteneinsparungen und andere Vorteile, die dem Unternehmen durch die Entwicklung zufließen. Bei der Schätzung der erwarteten Erträge ist von den Wertverhältnissen des Bilanzstichtages auszugehen, es sei denn, es wird mit hoher Wahrscheinlichkeit mit fallenden Verkaufspreisen gerechnet. In diesem Fall sind für die Bewertung die niedrigeren Werte anzusetzen. Bei der Wertfindung ist das Vorsichtsprinzip zu beachten.

Die aktivierten Entwicklungskosten sind über die Zeitdauer des Verkaufs oder der Nutzung der Fertigprodukte/Verfahren abzuschreiben. Abschreibungsbeginn ist der Zeitpunkt, zu dem das Produkt/Verfahren fertiggestellt ist. Die Abschreibungsdauer sollte aus Vorsichtsgründen höchstens fünf Jahre betragen.

Eine außerordentliche Abschreibung ist vorzunehmen, wenn der aktivierte Buchwert die erwarteten zukünftigen Vorteile nicht mehr deckt bzw. wenn die o.g. Kriterien zur Aktivierung von Entwicklungskosten nicht mehr kumulativ zutreffen. Kehrt sich diese Entwicklung wieder um, muß eine Wertaufholung erfolgen. Unzulässig ist es hingegen, ursprünglich als Aufwand gebuchte Entwicklungskosten in einer späteren Periode zu aktivieren.

Offenlegungspflichten

- die für Forschungs- und Entwicklungskosten angewandte Bilanzierungspolitik;
- die in der Periode als Aufwand gebuchten Forschungs- und Entwicklungskosten;
- die angewandten Abschreibungsmethoden;
- die zugrunde gelegten Nutzungsdauern oder den zugrunde gelegten Abschreibungssatz;
- die Angabe der aktivierten Entwicklungskosten zu Beginn und am Ende der Periode mit Angaben über in der Periode neu aktivierte sowie direkt oder aufgrund einer außerplanmäßigen Abschreibung als Aufwand gebuchte Entwicklungskosten sowie Wertaufholungen.

KOMPATIBILITÄT MIT HGB:

Nach deutschem Recht (§ 248 II HGB) ist die Aktivierung von Entwicklungskosten unzulässig.

Bilanzierungsvorschrift: **IAS 10: Contingencies and Events Occuring After the Balance Sheet Date (Erfolgsunsicherheiten und Ereignisse nach dem Bilanzstichtag)**
gültig: seit 01.01.1980

Erfolgsunsicherheiten

IAS 10 befaßt sich mit der bilanziellen Behandlung von Erfolgsunsicherheiten (contingencies) und Ereignissen nach dem Bilanzstichtag. Unter Erfolgsunsicherheiten werden nach IAS 10 Situationen am Bilanzstichtag verstanden, deren künftige erfolgsmäßige Wirkungen (Gewinn oder Verlust) erst durch das Eintreten oder Ausbleiben künftiger (ungewisser) Ereignisse bestätigt werden.

Unsichere Verluste: Für allgemeine oder nicht näher bezeichnete Geschäftsrisiken dürfen Rückstellungen nicht gebildet werden. Ein (näher bestimmbarer) unsicherer Verlust ist immer dann als Aufwand zu erfassen, wenn es am Bilanzstichtag wahrscheinlich scheint, daß künftige Ereignisse bestätigen werden, daß ein Vermögensgegenstand zum Bilanzstichtag weniger wert war oder eine Verbindlichkeit bestanden hat.

Der Verlust darf nur dann bilanziell berücksichtigt werden, wenn der Betrag des künftigen Verlustes sich sachgerecht schätzen läßt. Dabei ist der wahrscheinlichste Schätzbetrag anzusetzen. Bei Gleichwahrscheinlichkeit mehrerer Möglichkeiten ist zumindest der niedrigere Betrag erfolgswirksam zu berücksichtigen. Bestehende Ausgleichsansprüche bzw. Ansprüche gegenüber Dritten können bei der Bemessung der Rückstellungshöhe betragsmindernd berücksichtigt werden.

Unsichere Gewinne: Unsichere Gewinne werden im Jahresabschluß nicht erfaßt. Ungewisse Gewinne, die dagegen nahezu sicher („virtually certain“) sind, gelten nicht als „contingency“ und sind daher erfolgswirksam zu berücksichtigen.

Die Ermittlung der Wertansätze der Erfolgsunsicherheiten unterliegt dem Einzelbewertungsgebot. Gelten die Unsicherheiten jedoch für eine große Zahl gleichartiger Transaktionen, ist eine Gruppenbewertung zulässig (z. B. Gewährleistungsrückstellungen, Forderungsabschreibungen).

Ereignisse nach dem Bilanzstichtag

Informationen, die bis zum Zeitpunkt der Veröffentlichungsgenehmigung des Jahresabschlusses verfügbar sind (*Wertaufhellung*), sind bilanziell zu berücksichtigen. *Wertbeeinflussende* Informationen, die nicht im Zusammenhang mit den Verhältnissen am Bilanzstichtag stehen, werden bilanziell grundsätzlich nicht berücksichtigt. Dividenden für den Zeitraum, für den der Jahresabschluß erstellt wird, die erst nach dem Bilanzstichtag, jedoch vor Genehmigung des Jahresabschlusses vorgeschlagen oder festgesetzt werden, dürfen allerdings bilanziell berücksichtigt werden.

Offenlegungspflichten

- Das Bestehen und die Höhe von Eventualverbindlichkeiten (z. B. Gewährleistungen, Verpflichtungen aus diskontierten Wechseln und ähnliche Verpflichtungen) sind offenzulegen, auch wenn es unwahrscheinlich ist, daß aus ihnen ein Verlust erwächst.
- Kann die Höhe eines unsicheren Verlustes nicht plausibel geschätzt werden, so daß eine erfolgswirksame Berücksichtigung unterbleibt, muß eine Offenlegung der Erfolgsunsicherheit erfolgen, es sei denn, die Eintrittswahrscheinlichkeit für den Erfolg ist vernachlässigbar gering.
- Unsichere Gewinne, bei denen es wahrscheinlich ist, daß sie realisiert werden, sind offenzulegen.
- Wertbeeinflussende Informationen werden offengelegt, wenn ihre Nichtveröffentlichung die Jahresabschlußadressaten im Hinblick auf angemessene Bewertungen und Entscheidungen beeinträchtigen würde.
- Dividenden für den Zeitraum, für den der Jahresabschluß erstellt wird, die nach dem Bilanzstichtag, jedoch vor Genehmigung des Jahresabschlusses vorgeschlagen oder festgesetzt werden, sind, wenn sie nicht bereits bilanziell berücksichtigt wurden, offenzulegen.
- Werden unsichere Verluste/Gewinne offengelegt, sind neben der Art der Erfolgsunsicherheit die unsicheren Faktoren, die das zukünftige Ereignis beeinflussen können sowie eine Schätzung der finanziellen Auswirkungen (bzw. der Hinweis auf die Unmöglichkeit einer solchen Schätzung) anzugeben.
- Sind Angaben zu nach dem Bilanzstichtag eintretenden Ereignissen notwendig, ist ebenfalls neben der Art des Ereignisses eine Schätzung der finanziellen Auswirkungen (bzw. der Hinweis auf die Unmöglichkeit einer solchen Schätzung) zu geben.

KOMPATIBILITÄT MIT HGB:

1. Unrealisierte Gewinne sind nach HGB erst bei tatsächlicher Realisierung zu erfassen, eine Offenlegungspflicht existiert nicht.
2. Wertbeeinflussende Informationen über die Verhältnisse am Bilanzstichtag können lediglich bei Kapitalgesellschaften im Rahmen des Lageberichts nach § 289 II HGB angabepflichtig sein.

Bilanzierungsvorschrift: **IAS 11: Construction Contracts (Fertigungsaufträge)**
gültig: seit 01.01.1980, ab 01.01.1995 in neuer Fassung
vorherige Bezeichnung: Accounting for Construction Contracts

Gewinnrealisierung nach Leistungsfortschritt

Bei langfristigen Fertigungsaufträgen ist die *„percentage of completion“*-Methode anzuwenden, d. h. die Gewinnrealisierung erfolgt entsprechend dem Leistungsfortschritt. Die Anwendung der in Deutschland verbreiteten completed contract-Methode ist unzulässig.

Die percentage of completion-Methode tritt in zwei Formen auf: Die „Grundform“ soll immer dann angewandt werden, wenn folgende Bedingungen zugleich (kumulativ) erfüllt sind:

1. Es ist anzunehmen, daß die Auftragsleistung dem Unternehmen (in voller Höhe) vergütet wird.
2. Die mit dem Auftrag im Zusammenhang stehenden Kosten - seien sie gesondert zu vergüten oder nicht - können eindeutig identifiziert und verläßlich erfaßt werden.
3. Erträge, Gesamtkosten und Fertigungsstand sind zuverlässig zu ermitteln.

Sollte der Ertrag nicht zuverlässig zu ermitteln sein, ist eine „verkürzte“ percentage of completion-Methode anzuwenden, d.h. der Ertrag darf nur insoweit vereinnahmt werden, als er sich auf bis dahin entstandene erstattungsfähige Aufwendungen bezieht. Zum Zeitpunkt einer möglichen zuverlässigen Ertragsschätzung ist jedoch auf die „Grundform“ der „percentage of completion“ -Methode überzugehen.

Drohende Verluste, die sich ergeben, wenn die insgesamt erwarteten Aufwendungen die insgesamt erwarteten Erträge übersteigen, sind bei beiden Methoden sofort erfolgswirksam über die Bildung von Rückstellungen zu berücksichtigen.

Der Fertigungsstand kann nach verschiedenen Methoden bestimmt werden, wobei diejenige angewandt werden soll, mit der der bisher erreichte Fertigungsstand möglichst zuverlässig gemessen werden kann.

Offenlegungspflichten

- die Höhe des Betrages, der in der Periode als Ertrag aus dem langfristigen Fertigungsauftrag erfaßt wurde;
- die Methode der Bestimmung dieses Betrages und des Fertigungsstandes der Periode;
- die kumulierten Kosten und erwarteten Gewinne/Verluste;
- die erhaltenen Anzahlungen und Einbehalte;
- die bisher angefallenen Kosten zuzüglich anteilig entstandenem Gewinn abzüglich entstandener Verluste und bisheriger Inrechnungstellungen.

KOMPATIBILITÄT MIT HGB:

Die percentage of completion-Methode widerspricht im Grundsatz dem deutschen Realisationsprinzip. Das IAS-Anwendungsverbot der completed contract-Methode widerspricht deutschem Recht.

Bilanzierungsvorschrift: **IAS 12: Accounting for Taxes on Income (Bilanzielle Behandlung von Ertragsteuern)**
gültig: seit 01.01.1981

Ansatz

Der Ertragsteueraufwand einer Periode ist bei der Gewinnermittlung zu berücksichtigen. Eine Ausnahme gilt für die Fälle, bei denen die Auswirkungen eines Geschäftsvorfalls direkt dem Eigenkapital belastet oder gutgeschrieben werden.

Latente Steuern sind in der Bilanz getrennt vom Eigenkapital auszuweisen und können entweder nach der sog. „liability-Methode" oder nach der „deferral-Methode" berücksichtigt werden. Bei Anwendung der *deferral-Methode* wird in den latenten Steuern kein Zahlungsanspruch bzw. keine Zahlungsverpflichtung gesehen, so daß die einmal gebildeten latenten Steuern von Änderungen des Steuersatzes oder der Einführung neuer Steuern nicht berührt werden. Dahingegen werden bei Anwendung der *liability-Methode* passive latente Steuern als Verbindlichkeiten für künftig zu zahlende Steuern und aktive latente Steuern als Vermögensgegenstände in Form von Vorauszahlungen für künftig fällige Steuern angesehen. Änderungen des Steuersatzes oder der Einführung neuer Steuern ist daher bei der Bewertung latenter Steuern Rechnung zu tragen.

Grundsätzlich sind für alle zeitlich beschränkten, nicht jedoch für permanente Differenzen latente Steuern zu bilden. Quasi-permanente Differenzen können ebenfalls vernachlässigt werden.

Aktive latente Steuern dürfen nur gebildet werden, wenn mit ihrer Realisierung vernünftigerweise gerechnet werden kann.

Steuererstattungen aufgrund eines steuerlichen Verlustrücktrages sind in der Periode des Verlustes als Steuerertrag zu berücksichtigen; noch nicht erhaltene Beträge sind als Forderung zu aktivieren.

Steuern, die als Folge der Ausschüttung bisher thesaurierter Gewinne von Tochterunternehmen und assoziierten Unternehmen entstehen werden, sind periodengerecht abzugrenzen.

Steuervorteile, die durch Verrechnung von Verlustvorträgen mit zu erwartenden zukünftigen Gewinnen entstehen, dürfen in zwei Ausnahmefällen bereits in der Periode der Verlustentstehung ertragswirksam berücksichtigt werden: Zum einen, wenn ohne Zweifel davon ausgegangen werden kann, daß in der Zukunft Gewinne entstehen werden, die ausreichen, den Vorteil aus dem Verlustvortrag zu realisieren; zum anderen, wenn passive latente Steuern vorhanden sind, die sich während des Zeitraumes, in dem der Verlustvortrag geltend gemacht werden kann, aufheben.

Als Folge von *Neubewertungen* (vgl. IAS 16) entstehende latente Steuern (bei denen die neu festgesetzten Beträge keine Grundlage für die Steuerberechnung bilden) sind entweder im Anhang zu zeigen oder von der Neubewertungsrücklage auf „latente Steuern" zu übertragen.

Der Ausweis des Steueraufwandes, der aus der gewöhnlichen Geschäftstätigkeit herrührt, erfolgt normalerweise als separater Posten in der Gewinn- und Verlustrechnung.

Offenlegungspflichten

Allgemeine Offenlegungspflichten

- Ertragsteuern, die mit direkt mit dem Eigenkapital verrechneten Posten zusammenhängen;
- angewandte Methode der Berücksichtigung latenter Steuern;
- laufende und kumulative quasi-permanente Differenzen, die nicht zu latenten Steuern geführt haben;
- Steueraufwand im Zusammenhang mit den Gewinnen aus der normalen Geschäftstätigkeit;
- Steueraufwand im Zusammenhang mit außerordentlichen Posten, periodenfremden Posten sowie Änderungen der Bilanzierungsmethode (vgl. IAS 8);
- ggf. die steuerlichen Auswirkungen im Zusammenhang mit der Neubewertung von Vermögensgegenständen;
- Erläuterung der Beziehung zwischen dem Steueraufwand und dem Handelsbilanzgewinn vor Ertragsteuern, falls diese sich nicht direkt aus Anwendung der geltenden Steuersätze ergibt;

Offenlegungspflichten im Zusammenhang mit steuerlichen Verlusten

- Höhe der Steuerminderungen aus Verlustvorträgen, die bereits in der Periode der Verlustentstehung erfolgswirksam berücksichtigt wurden;
- Höhe der in der Periode erfolgswirksam berücksichtigten Steuerminderung durch Auflösung bisher nicht berücksichtigter Verlustvorträge;
- Höhe sowie künftige Verrechnungsmöglichkeit von steuerlichen Verlusten, deren Auswirkungen noch in keiner Periode erfolgswirksam berücksichtigt wurden.

KOMPATIBILITÄT MIT HGB:

1. Obwohl die Bilanzierungsvorschriften des HGB keine Methode für die Ermittlung latenter Steuern vorschreiben, liegt dem Wortlaut von § 274 HGB implizit die „liability-Methode" zugrunde, da auf die künftigen Steuerbelastungen bzw. Steuerentlastungen Bezug genommen wird.
2. Für die nach IAS gebotene Abgrenzung aktiver latenter Steuern besteht nach § 274 II HGB lediglich ein Wahlrecht (Aktivierung als Bilanzierungshilfe), wobei der Posten gesondert auszuweisen und im Anhang zu erläutern ist.
3. Die Vorschrift des § 274 HGB geht von einer umfassenden Steuerabgrenzung aus, differenziert insofern nicht nach kurzfristigen und quasi-permanenten Differenzen. Ein Verzicht auf die Abgrenzung quasi-permanenter Differenzen wird in der deutschen Literatur unter Berücksichtigung des „going-concern-Prinzips" entsprechend der Regelung nach IAS für zulässig erachtet.
4. Ein Verlustvortrag kann nach deutschem Recht in der Periode der Verlustentstehung nicht steuermindernd erfaßt werden; eine Verrechnung von Verlustvorträgen mit künftig möglichen Gewinnen im Jahr der Verlustentstehung kommt nicht in Betracht.
5. Die Steuerabgrenzung nach HGB bezieht sich ausschließlich auf den Unterschied zwischen dem Ergebnis der Handels- und der Steuerbilanz des jeweiligen rechnungslegenden Unternehmens. Steuerlatenzen aus bei Tochter- oder anderen Beteiligungsgesellschaften thesaurierten Gewinnanteilen können nicht berücksichtigt werden (Besonderheiten gelten bei steuerlichen Organschaften).
6. Nach deutschem Recht werden alle Ertragsteuerkomponenten in der Gewinn- und Verlustrechnung unter dem Posten „Steuern vom Einkommen und vom Ertrag" ausgewiesen, eine Aufteilung des Ertragsteueraufwandes nach einzelnen Komponenten erfolgt nicht. Im Anhang ist jedoch nach § 285 Nr. 6 HGB anzugeben, in welchem Umfang das Ergebnis der gewöhnlichen Geschäftstätigkeit und das außerordentliche Ergebnis mit Ertragsteuern belastet sind, wobei auch latente Steuern zu berücksichtigen sind.
7. Die Offenlegungspflichten nach IAS übersteigen die deutschen Anforderungen.

Bilanzierungsvorschrift: **IAS 13: Presentation of Current Assets and Current Liabilities (Bilanzierung des Umlaufvermögens und der kurzfristigen Verbindlichkeiten)**
gültig: seit 01.01.1981

Grundlagen

Jedes Unternehmen sollte entscheiden, ob es den Gesamtbetrag der kurzfristigen Vermögensgegenstände (current assets) und Schulden (current liabilites) als Hauptposten im Jahresabschluß ausweist. Wird die Unterscheidung „current/non-current" nicht vorgenommen, sollten auch keine Zwischensummen bei den Vermögensgegenständen und Verbindlichkeiten ausgewiesen werden.

Eine Saldierung von kurzfristigen Aktiva und Passiva ist im allgemeinen unzulässig, es sei denn, es besteht ein entsprechender gesetzlicher Anspruch.

Kurzfristige Aktiva

Was als kurzfristig zu gelten hat, beruht auf Konventionen und kann daher nicht verbindlich vorgeschrieben werden. Kurzfristige Aktiva umfassen üblicherweise flüssige Mittel, Wertpapiere des Umlaufvermögens, Forderungen, die innerhalb eines Jahres nach dem Bilanzstichtag realisiert werden, Vorräte, Anzahlungen zum Erwerb kurzfristiger Aktiva und Rechnungsabgrenzungsposten. Auf IAS 5 wird verwiesen.

Warenforderungen können auch insgesamt als kurzfristige Vermögensgegenstände ausgewiesen werden. Der Betrag, der vermutlich nicht innerhalb eines Jahres realisiert wird, ist dann jedoch offenzulegen.

Kurzfristige Passiva

Zu den kurzfristigen Passiva zählen Bankverbindlichkeiten, kurzfristige Teile langfristiger Schulden, Lieferantenschulden, Steuerabgrenzungen, zu zahlende Dividenden, Anzahlungen von Kunden, Rückstellungen für Eventualverbindlichkeiten und Rechnungsabgrenzungsposten. Auf IAS 5 wird verwiesen.

KOMPATIBILITÄT MIT HGB:

1. Der Begriff „kurzfristige Verbindlichkeiten" ist im Gliederungsschema des § 266 HGB nicht enthalten, er läßt sich jedoch aus § 268 V HGB ableiten.
2. Für „Umlaufvermögen" muß laut HGB keine Zwischensumme ausgewiesen werden, wenn dies auch in der Praxis fast ausnahmslos geschieht.

Bilanzierungsvorschrift: **IAS 14: Reporting Financial Information by Segment (Segmentberichterstattung)**
gültig: seit 01.01.1983
wird z. Zt. im Rahmen des Projektes „Financial Information by Segment" überarbeitet

Grundlagen

IAS 14 behandelt die segmentbezogene Offenlegung finanzwirtschaftlicher Informationen. Wesentliche Segmente sind die Geschäftsfelder des Unternehmens (geordnet nach Wirtschaftszweigen) und geographische Segmente (Länderbereiche u. ä.).

IAS 14 findet Anwendung auf Unternehmen (einschließlich Tochtergesellschaften), die börsennotierte Wertpapiere begeben sowie auf Großunternehmen, deren Umsätze, Gewinne, Vermögen und Beschäftigtenzahlen in Ländern, in denen die wesentlichen Tätigkeiten dieser Unternehmen durchgeführt werden, von nachhaltiger Bedeutung sind.

Offenlegungspflichten

- Beschreibung der in die Berichterstattung einbezogenen Geschäftsfeldsegmente;
- Beschreibung der geographischen Segmente;
- Umsätze oder sonstige Betriebserträge der Segmente, unterschieden nach Erträgen mit unternehmensexternen Kunden und anderen Segmenten;
- Segmentergebnisse;
- absolute oder relative (bezogen auf den Gesamtabschluß) Größen des in den einzelnen Segmenten eingesetzten Vermögens;
- Berechnungsbasis der Verrechnungspreise zwischen den Segmenten.

Darüber hinaus sollten die kumulierten Segmentinformationen mit den konsolidierten Jahresabschlußwerten verglichen werden.

Müssen die Segmente neu definiert werden, oder haben sich maßgebliche Bilanzierungsverfahren geändert, ist die Art der Änderung, die Gründe sowie – falls mit angemessener Sicherheit feststellbar – die Auswirkung der Änderung anzugeben.

KOMPATIBILITÄT MIT HGB:

Eine Segmentberichterstattung wird vom HGB im allgemeinen nicht gefordert. Eine Ausnahme bildet die durch § 285 Nr. 4 HGB für Kapitalgesellschaften geforderte Aufgliederung der Umsatzerlöse nach Tätigkeitsbereichen und geographisch bestimmten Märkten (wenn erhebliche Unterschiede zwischen den Segmenten bestehen). Der Umsatzaufgliederung kann die Schutzklausel des § 286 II HGB entgegenstehen.

Bilanzierungsvorschrift: **IAS 15: Information Reflecting the Effects of Changing Prices (Auswirkungen von Preisänderungen im Jahresabschluß)**
gültig: ab 01.01.1983

Grundlagen

Da international keine Übereinkunft erzielt werden konnte, wie die Auswirkungen von Preisänderungen im Jahresabschluß zu behandeln sind, besteht das IASC nicht auf einer Anwendung von IAS 15. Es ermutigt jedoch alle Unternehmen nach diesem Statement zu verfahren und die erforderlichen Offenlegungen vorzunehmen (Verlautbarung des IASC vom Okt. 1989). Vgl. auch IAS 29 (Financial Reporting in Hyperinflationary Economies).

Methoden

Um die Ergebniswirkungen von Preisänderungen zu ermitteln (und ggf. inflationsbedingte Scheingewinne aufzuzeigen), bieten sich gem. IAS 15 zwei Verfahren an:

1. *General Purchasing Power Accounting* (GPPA): Ziel dieser Methode ist die Realkapitalerhaltung (Erhaltung der Kaufkraft des Eigenkapitals). Die Wertansätze der Vermögensgegenstände und Schulden werden dazu mit einem allgemeinen Preisindex multipliziert.
2. *Current Cost Accounting* (CCA): Ziel dieser Methode ist die Erhaltung der Unternehmenssubstanz. Die Bewertung erfolgt danach grundsätzlich zu Wiederbeschaffungswerten.

Offenlegungspflichten

- Angewandte Methode der Inflationsberücksichtigung einschließlich etwaig verwendeter Indizes;
- Betrag der inflationsbedingten Korrektur der Abschreibungen und des Materialverbrauchs;
- Auswirkungen von Fremd- bzw. Eigenfinanzierung, sofern bei der Inflationsberücksichtigung einbezogen (Netto- vs. Bruttosubstanzerhaltung);
- die Auswirkungen sämtlicher o.g. Korrekturen auf das Ergebnis;
- Wiederbeschaffungskosten für Sachanlagen und Vorräte (bei current cost accounting).

KOMPATIBILITÄT MIT HGB:

1. Die deutsche Bilanzierung hat auf der Basis des Nominalwertprinzips zu erfolgen.
2. Offenlegungen von Informationen zur Auswirkung von Preisänderungen sind laut HGB nicht gefordert.

Bilanzierungsvorschrift: **IAS 16: Property, Plant and Equipment (Sachanlagevermögen)**
gültig: seit 01.01.1983, ab 01.01.1995 in neuer Fassung
vorherige Bezeichnung: Accounting for Property, Plant and Equipment

Ansatz

Ein Sachanlagegegenstand wird dann aktiviert, wenn dem Unternehmen aus seiner Nutzung künftig wirtschaftliche Vorteile erwachsen und die Anschaffungs-/Herstellungskosten zuverlässig bestimmbar sind. Teile eines Vermögensgegenstandes sind gesondert zu aktivieren und abzuschreiben, wenn sie unterschiedliche Nutzungsdauern aufweisen oder über einen unterschiedlichen Wertminderungsverlauf verfügen, der unterschiedliche Abschreibungsverfahren rechtfertigt (z. B. Flugzeug und Flugzeugmotor).

Bewertung

1. Empfohlenes Verfahren:

Bewertung des Sachanlagevermögens zu *fortgeführten Anschaffungs-/Herstellungskosten.* Zu den Anschaffungskosten zählen der Anschaffungspreis zuzüglich Anschaffungsnebenkosten abzüglich Anschaffungspreisminderungen.

2. Zulässiges Verfahren:

Alternativ ist es erlaubt, eine *Neubewertung* der Sachanlagen vorzunehmen und auf der Passivseite eine entsprechende (ausschüttungsgesperrte) Neubewertungsrücklage zu bilden.

Fortführung der Anschaffungs- und Herstellungskosten

Aktivierungspflichtige nachträgliche Anschaffungs-/Herstellungskosten sind immer dann gegeben, wenn die Aufwendungen den wirtschaftlichen Nutzen der Sachanlage erhöhen (z. B. Kapazitätserweiterungen, Betriebskostenreduzierungen, verminderte Umweltbelastungen u. ä.). Reparaturen oder Wartungen sind dagegen als Aufwand zu behandeln.

Verwaltungs- und andere Gemeinkosten gehören nicht zu den Anschaffungskosten, es sei denn, sie stehen in direktem Zusammenhang mit der Anschaffung und sind notwendig, um die Betriebsbereitschaft herzustellen. Bei Vorliegen eines unüblichen Zahlungsziels ist der Anschaffungspreis im allgemeinen abzuzinsen; der Abzinsungsbetrag ist als Aufwand über die Laufzeit des Kredits zu verteilen, wenn er nicht entsprechend dem nach IAS 23 zulässigen Verfahren mitaktiviert wird.

Wird ein Vermögensgegenstand im Rahmen eines Tauschs erworben, ist der Marktwert (fair value) des erhaltenen Gegenstandes als Anschaffungskosten anzusetzen. Der fair value des erhaltenen Gegenstandes ist gleich dem Marktwert des hingegebenen Gegenstandes zuzüglich weiterer Geld- oder Sachleistungen. Beim Tausch gleichartiger Gegenstände kommt es hingegen nicht zu einer Gewinn-/Verlustrealisierung; der erhaltene Vermögensgegenstand wird zum Buchwert des hingegebenen Vermögensgegenstandes bewertet. Werden Wertminderungen offenkundig, ist eine Abschreibung vorzunehmen.

Neubewertung

Alternativ zum Anschaffungskostenprinzip ist es erlaubt, eine Neubewertung vorzunehmen, die sich an den Marktwerten bzw. an den Wiederbeschaffungskosten orientiert. Bei der Bewertung ist die tatsächliche bzw. künftig wahrscheinliche Nutzung des Vermögensgegenstandes zugrunde zu legen.

Die Neubewertung darf nicht für einzelne Vermögensgegenstände allein, sondern nur für komplette Gruppen von Vermögensgegenständen zusammen erfolgen. Unter einer Gruppe versteht man dabei mehrere Vermögensgegenstände gleicher Art oder Verwendung. Die Neubewertung hat regelmäßig zu erfolgen, so daß der jeweilige Buchwert nicht wesentlich vom derzeitigen Marktwert abweicht.

Die sich ergebenden Aufwertungsbeträge sind erfolgsneutral in eine *Neubewertungsrücklage* einzustellen, es sei denn, sie gleichen eine frühere, im Rahmen der Neubewertung erfolgte, erfolgswirksam berücksichtigte Abwertung aus. Nur der überschießende Betrag wird im letzteren Fall in die Neubewertungsrücklage eingestellt. Gleichermaßen ist eine im Rahmen der Neubewertung erfolgende Abwertung zunächst gegen korrespondierende Beträge (d. h. Beträge, die aus der Aufwertung des gleichen Vermögensgegenstandes herrühren) aus der Neubewertungsrücklage zu verrechnen; nur der überschießende Betrag ist als Aufwand zu behandeln. Wenn der in die Neubewertungsrücklage eingestellte Überschuß durch Abgang oder Nutzung des Vermögensgegenstandes realisiert wird, kann die Neubewertungsrücklage entsprechend aufgelöst werden. Dies geschieht durch Umgliederung der entsprechenden Beträge in die Gewinnrücklagen. Aus der Aufwertung resultierende latente Steuern sind zu berücksichtigen.

Abschreibungen

Planmäßige Abschreibungen sollen den Nutzenverschleiß widerspiegeln. Zulässige Abschreibungsmethoden sind die lineare Methode (straight line depreciation), die degressive Methode (diminishing balance method) und die leistungsabhängige Methode (sum-of-the-units method). Die gewählte Abschreibungsmethode ist periodisch zu überprüfen und bei bedeutsamen Änderungen des Nutzungsverlaufs entsprechend anzupassen. Über einen Methodenwechsel ist zu berichten.

Bei der Bemessung des Abschreibungsbetrages ist ein *Restwert* – sofern wesentlich – zu berücksichtigen. Dieser wird bei Anwendung der Anschaffungskostenmethode zum Zeitpunkt des Erwerbs geschätzt und nicht an künftige Preisänderungen angepaßt. Bei Anwendung der Neubewertung wird auch der Restwert im Rahmen der Neubewertung neu geschätzt.

Bedeutsame *Abbruch-/Beseitigungskosten* am Ende der Nutzungsdauer des Vermögensgegenstandes sind ebenfalls im Rahmen der Abschreibung oder als gesondert anzusammelnde Verbindlichkeit zu berücksichtigen.

Die Bestimmung der *Nutzungsdauer* soll periodisch überprüft werden. Ergeben sich bedeutsame Verlängerungen oder Verkürzungen der Nutzungsdauer, sind die Abschreibungen entsprechend anzupassen.

Außerplanmäßige Abschreibungen haben zu erfolgen, wenn der unternehmensspezifische Wert des Gegenstandes (recoverable amount) den Buchwert unterschreitet. Fallen die Gründe für die außerplanmäßige Abschreibung (langfristig) weg, ist eine Wertaufholung vorzunehmen. Außerplanmäßige Abschreibungen sind gegen die gebildete Neubewertungsrücklage zu verrechnen, bzw. wenn diese verbraucht ist, als Aufwand zu erfassen.

Vermögensgegenstände, die zum Verkauf anstehen, sind zum niedrigeren der beiden Werte, Buchwert oder Nettoveräußerungserlös, zu bilanzieren.

Offenlegungspflichten

Allgemeine Offenlegungspflichten

- die gewählten Bewertungsprinzipien zur Bestimmung der Buchwerte;
- die gewählten Abschreibungsmethoden;
- Angabe der zugrunde gelegten Nutzungsdauern oder Angabe der jeweiligen Abschreibungssätze;
- Bruttobuchwerte und akkumulierte Abschreibungen zu Beginn und am Ende der Periode;
- Überleitung des Buchwertes vom Anfang zum Ende der Berichtsperiode mit Zugängen, Abgängen, Veränderungen durch Akquisitionen bei Unternehmenszusammenschlüssen, evtl. Veränderungen aus Neubewertungen, Abschreibungen, Wertaufholungen, Währungsumrechnungsdifferenzen;
- Zahlungen für Sachanlagen im Bau;
- die Bilanzierungspolitik hinsichtlich Erhaltungs-/Herstellungsaufwand;
- Verpflichtungen zum Erwerb von Sachanlagen;
- Verpfändungen von Sachanlagen und andere Beschränkungen der Verfügungsrechte;

Offenlegungspflichten bei Durchführung der zulässigen Neubewertung

- Grundlage und Zeitpunkt der Neubewertung;
- Angaben, ob ein unabhängiger Gutachter bei der Wertfindung einbezogen wurde;
- zur Ermittlung von Wiederbeschaffungskosten verwendete Indizes;
- Betrag, der anzusetzen wäre, wenn zu fortgeschriebenen Anschaffungskosten bewertet worden wäre;
- Stand und Änderungen der Neubewertungsrücklage während der Periode sowie Angabe von Restriktionen, die aufgrund der Neubewertungsrücklage für Ausschüttungen an die Aktionäre bestehen.

Offenlegungsempfehlungen

- der Buchwert des zeitweise ungenutzten Sachanlagevermögens;
- die historischen Anschaffungskosten des noch genutzten aber bereits voll abgeschriebenen Sachanlagevermögens;
- der Buchwert derjenigen Sachanlagegegenstände, die nicht mehr genutzt werden und zum Verkauf anstehen;

– bei Anwendung der Nominalwertmethode: erhebliche Abweichungen zwischen den hiernach ermittelten Buchwerten und den Werten bei Neubewertung.

KOMPATIBILITÄT MIT HGB:

1. Die (mögliche) Neubewertung verstößt gegen die im HGB vorgeschriebene Bewertung zu Anschaffungskosten.
2. Eine Nutzungsdauerverlängerung darf nach deutschem Recht nur dann erfolgen, wenn bei Kapitalgesellschaften ansonsten die Generalnorm des § 264 II HGB (true and fair view) verletzt würde bzw. bei sonstigen Gesellschaften die ursprünglich geschätzte Nutzungsdauer willkürlich zu gering angesetzt wurde.
3. Die Offenlegungspflichten nach IAS sind weiter gefaßt als die deutschen.

Bilanzierungsvorschrift: **IAS 17: Accounting for Leases (Bilanzierung von Leasinggegenständen)**
gültig: seit 01.01.1984

Grundlagen: Leasingformen

IAS 17 unterscheidet zwischen *Finanzierungsleasing* (finance leases), *Mietleasing* (operating leases) sowie *Sale and lease back-Transaktionen*. Die Zuordnung zum Leasingnehmer bzw. -geber richtet sich nach dem wirtschaftlichen Sachverhalt, d.h. danach, wie die mit dem Eigentum am Leasinggegenstand verbundenen Risiken und Chancen verteilt sind (Prinzip wirtschaftlicher Zugehörigkeit).

Finanzierungsleasing

Finanzierungsleasingverträge sind dadurch gekennzeichnet, daß alle Risiken und Chancen, die mit dem Eigentum an einem Vermögensgegenstand verbunden sind, im wesentlichen auf den *Leasingnehmer* übertragen werden. Ein derartiger Vertrag ist normalerweise nicht kündbar und sichert dem Leasinggeber den Rücklauf seiner investierten Mittel sowie eine Rendite auf sein eingesetztes Kapital.

Der Leasingnehmer hat den geleasten Gegenstand sowie eine Verbindlichkeit gleicher Höhe zu bilanzieren, während der Leasinggeber eine Forderung aktiviert.

Finanzierungsleasing ist normalerweise dann gegeben, wenn eine der folgenden Rahmenbedingungen erfüllt ist:

- Das Eigentum an dem Vermögensgegenstand wird am Ende der Leasingzeit auf den Leasingnehmer übertragen.
- Der Leasingnehmer erhält die Option, den Vermögensgegenstand zu einem ausreichend niedrigen Preis zu erwerben, so daß zum Zeitpunkt des Vertragsbeginns als sicher anzunehmen ist, daß die Option ausgeübt werden wird (bargain purchase option).
- Die Laufzeit des Leasingvertrages umfaßt den wesentlichen Teil der gewöhnlichen Nutzungsdauer des Vermögensgegenstandes.
- Der Barwert der Mindestzahlungen des Leasingnehmers übertrifft den Verkehrswert des Leasinggegenstandes oder ist zumindest von annähernd gleicher Höhe.

Beim Finanzierungsleasing erfolgt die *Bewertung* zum Verkehrswert des Leasinggegenstandes (ggf. abzüglich vom Leasinggeber zu vereinnahmender Zuschüsse und Steuerguthaben) oder zum niedrigeren Gegenwartswert der Mindestzahlungen aus dem Leasingvertrag. Abzinsungssatz ist der interne Leasing-Zinsfuß bzw. wenn dieser nicht feststellbar ist, der Grenzausleihsatz des Leasing-Nehmers. Letzterer ist jener Zins, den der Leasingnehmer für ein ähnliches Leasinggeschäft zu bezahlen hätte bzw. der Zins, den er zu Beginn des Leasing-Geschäftes für einen Kredit zum Kauf des Leasinggegenstandes hätte bezahlen müssen.

Leasingraten sind in einen Zins- und einen Tilgungsanteil aufzuteilen. Die Zinsen sind so auf die Laufzeitperioden aufzuteilen, daß sich ein gleichbleibender Jahreszinssatz für den verbleibenden Saldo der Verbindlichkeit ergibt. Näherungsrechnungen sind erlaubt.

Finanzierungsleasing verursacht sowohl Abschreibungsaufwand als auch Zinsaufwand. Die Abschreibungspolitik für Leasinggegenstände hat derjenigen für eigene Vermögensgegenstände zu entsprechen. Wenn kein vernünftiger Grund für die Annahme besteht, daß der Leasingnehmer am Ende der Leasingzeit das Eigentum an dem Vermögensgegenstand erwirbt, ist der Vermögensgegenstand innerhalb des Leasingzeitraums oder innerhalb der gewöhnlichen Nutzungsdauer (wenn diese kürzer ist als der Leasingzeitraum) abzuschreiben.

Mietleasing

Von einem Mietleasingvertrag ist immer dann auszugehen, wenn keine Übertragung der wesentlichen Risiken und Chancen an den Leasingnehmer erfolgt. Das Leasinggut ist beim *Leasinggeber* zu bilanzieren; der Leasingnehmer hat die Leasing-/(Miet-)raten als Aufwand zu erfassen.

Das Leasing von *Immobilien* wird im allgemeinen in derselben Weise klassifiziert wie das Leasing anderer Vermögensgegenstände. Da Grund und Boden in der Regel einer unbeschränkten Nutzungsdauer unterliegen und dem Leasingnehmer somit – außer im Falle des Eigentumübergangs am Ende des Leasingvertrages – nicht die wesentlichen Risiken und Chancen übertragen werden können, wird es sich hierbei regelmäßig um Mietleasing handeln. Das gleiche gilt für Gebäude, deren Nutzungszeiträume über die Dauer des Leasingvertrages hinausgehen, sofern eine Eigentumsübertragung nicht erwartet wird oder wenn die Mietzahlungen regelmäßig den Marktpreisen angepaßt werden.

Bei Mietleasingverträgen hat die *Bewertung* beim Leasinggeber entsprechend den Vorschriften für die Bewertung von Sachanlagevermögen zu erfolgen. Die Mieterträge sollten auf linearer Basis über die Dauer des Leasing-Vertrages erfaßt werden, es sei denn, eine andere planmäßige Basis ist typischer für die Ertragssituation des Leasingvertrages.

Sale and Lease Back

Für die bilanzielle Behandlung von Sale and lease back-Geschäften ist auf die jeweilige Leasingform abzustellen.

a) Bei Vorliegen von *Finanzierungsleasing* darf der Überschuß des Verkaufserlöses über den Buchwert (carrying amount) nicht sofort als Gewinn vereinnahmt werden. Der Überschuß ist abzugrenzen und über die Laufzeit des Leasingvertrages zu verteilen.

b) Liegt hingegen *Mietleasing* vor, existiert folgende Fallunterscheidung:
   - Leasingraten und Verkaufspreis werden zum Verkehrswert angesetzt: sofortige Gewinn-/Verlustrealisierung;

- Verkaufspreis niedriger als der Verkehrswert: grundsätzlich Verlustrealisierung; Abgrenzung nur, wenn der Verlust durch künftige Mieten unter dem Marktpreis ausgeglichen wird;
- Verkaufspreis über dem Verkehrswert: Abgrenzung und Verteilung des Gewinns über den Leasingzeitraum;
- Verkehrswert niedriger als der Buchwert: unverzügliche Erfassung des Verlustes entsprechend dem Differenzbetrag Buchwert-Verkehrswert (bei Finanzierungsleasing nur bei Vorliegen einer dauerhaften Wertminderung).

Offenlegungspflichten

Beim Leasingnehmer

- Buchwert der Leasinggegenstände; die entsprechenden Verbindlichkeiten sind gesondert, aufgegliedert nach kurz- und langfristigen Bestandteilen, auszuweisen;
- Offenlegung von Verpflichtungen für Mindestzahlungen aus Finanzierungsleasing und unkündbaren Mietleasingverträgen mit einer Laufzeit von über einem Jahr (Angabe der Beträge und Zahlungsperioden);
- wesentliche finanzielle Restriktionen;
- Verlängerungs- und Kaufoptionen;
- bedingte wiederkehrende Zahlungen und andere aus Leasingverträgen entstehende Eventualverbindlichkeiten.

Beim Leasinggeber

- Bruttoinvestition bei Finanzierungsleasingverträgen und die damit zusammenhängenden nicht erwirtschafteten Erträge und nicht garantierten Restwerte von Leasinggegenständen;
- die Bemessungsgrundlage für die Verteilung der Erträge;
- der Wert der Vermögensgegenstände, die Mietleasingverträgen unterliegen sowie deren akkumulierte Abschreibungsbeträge, sofern das Mietleasing einen bedeutenden Teil der Geschäftstätigkeit darstellt.

KOMPATIBILITÄT MIT HGB:

1. Handelsrechtliche Zuordnungskriterien liegen im deutschen Recht nicht vor; die Praxis verfährt i.d.R. nach den steuerlichen Leasingerlassen. Beim Mietleasing ergeben sich keine Kompatibilitätsprobleme; beim Finanzierungsleasing ist eine Überprüfung im Einzelfall erforderlich.
2. Sale and Lease Back-Geschäfte werden nach deutschem Recht als Veräußerung mit entsprechender Gewinnrealisierung behandelt.

Bilanzierungsvorschrift: **IAS 18: Revenue (Gewinnrealisierung)**
gültig: seit 01.01.1984, ab 01.01.1995 in neuer Fassung
vorherige Bezeichnung: Revenue Recognition

Gewinnrealisierung

IAS 18 befaßt sich mit der Gewinnrealisierung bei dem Verkauf von Waren, dem Erbringen von Dienstleistungen und anderen betrieblichen Tätigkeiten zur Erzielung von Zins-, Lizenz- oder Dividendenerträgen.

Ein Umsatzerlös gilt dann als entstanden, wenn die mit dem Vermögensgegenstand verbundenen Nutzen und Lasten übergegangen sind, der Erlös aus dem Verkauf verläßlich gemessen werden kann und der Erlöseingang berechtigterweise erwartet werden kann (d. h. keine Ungewißheit mehr besteht bezüglich Preis, Kosten, Umfang von Retouren usw.). Grundsätzlich ist der Übergang von Nutzen und Lasten mit dem Übergang des rechtlichen Eigentums oder des tatsächlichen Besitzes auf den Käufer anzunehmen. Verbleiben jedoch noch bedeutsame Risiken beim Verkäufer, darf eine Gewinnrealisierung nicht erfolgen.

Die Vereinnahmung von *Dienstleistungserlösen* soll entsprechend der *percentage of completion-Methode* erfolgen (vgl. hierzu IAS 11: Construction Contracts).

Erträge wie Zinsen, Lizenzen und Dividenden sollen erfaßt werden, wenn die Bestimmung des Ertrags und dessen Eingang ausreichend sicher ist. Daraus ergeben sich im Regelfall folgende *Erfassungsformen:*

- *Zinsen:* zeitanteilig.
- *Lizenzgebühren:* in Höhe der aufgelaufenen Ansprüche gemäß dem zugrunde liegenden Vertrag.
- *Dividenden:* zu dem Zeitpunkt, zu dem der Dividendenanspruch begründet wird.

Bewertung

Erträge im allgemeinen und Umsatzerlöse im besonderen sind mit dem Marktwert (fair value) der erhaltenen bzw. zu erhaltenden Gegenleistung zu bewerten. Dabei sind sämtliche Erlösschmälerungen zu berücksichtigen.

Unverzinsliche bzw. niedrig-verzinsliche Forderungen sind abzuzinsen. Als Abzinsungsfaktor ist dabei entweder der Marktzinssatz für entsprechende Kreditzusagen oder der Zinssatz, bei dessen Anwendung der abgezinste Forderungsbetrag dem aktuellen Barverkaufspreis entsprechen würde, zu verwenden. Die Differenz zwischen dem Nominalbetrag der Forderung und dem durch Abzinsung ermittelten Marktwert (fair value) ist als Zinsertrag zu behandeln.

Beim Tausch von gleichartigen Vermögensgegenständen findet keine Gewinnrealisierung statt. Werden jedoch unterschiedliche Güter oder Dienstleistungen getauscht, findet eine Gewinnrealisierung in Höhe des Betrages statt, zu dem der Marktwert des erhaltenen Vermögensgegenstandes (oder der Dienstleistung) den Buchwert des hingegebenen Vermögensgegenstandes (oder der Dienstleistung) übersteigt. Läßt sich ein solcher

Marktwert nicht zuverlässig bestimmen, tritt an seine Stelle der Marktwert des hingegebenen Vermögensgegenstandes (Dienstleistung).

Offenlegungspflichten

- Darstellung der angewandten Bilanzierungpolitik zur Ertragserfassung inklusive der Methoden der Bestimmung des Leistungsfortschritts bei Dienstleistungen;
- Betrag jeder maßgeblichen Ertragskategorie (Umsatzerlöse, Zinsen, Dividenden);
- Ertrag, der aus Tauschgeschäften in der Periode entstand;
- Offenlegung sämtlicher ungewisser Gewinne und Verluste gem. IAS 10.

KOMPATIBILITÄT MIT HGB:

1. Die Gewinnrealisierung bei Zins-, Dividenden- und Lizenzerträgen ist als HGB-konform anzusehen.
2. Die vorgeschlagene Regelung der Gewinnrealisierung beim Verkauf von Waren stimmt im Grundsatz mit handelsrechtlichen GoB überein. Bei Detailfragen zeigen sich jedoch Unterschiede.
3. Die Anwendung der percentage of completion-Methode bei der Realisierung von Dienstleistungserträgen widerspricht deutschem Recht.

Bilanzierungsvorschrift: **IAS 19: Retirement Benefit Costs (Altersversorgungsaufwendungen)**
gültig: seit 01.01.1985, ab 01.01.1995 in neuer Fassung
vorherige Bezeichnung: Accounting for Retirement Benefits in the Financial Statements of Employers

Ansatz

Es besteht eine generelle Pflicht, unabhängig von Durchführungsweg, Leistungsordnung oder Unternehmensart, betriebliche Altersversorgungszusagen im Rahmen des Jahresabschlusses zu erfassen. IAS 19 steht in engem Zusammenhang zu IAS 26 (Accounting and Reporting by Retirement Benefit Plans).

Die Kapitalbildung darf extern über unabhängige Pensionsfonds (funded) oder intern im Wege der bilanziellen Rückstellungsbildung (unfunded) erfolgen. Die Versorgungszusage kann nach einer Leistungsformel (*defined benefit plan*) oder nach der Höhe der Beitragsleistungen an Fonds (*defined contribution plan*) bemessen werden. Bei einem defined contribution plan sind die Beitragsleistungen an den Fonds als Aufwand der Periode zu verrechnen. Die spätere Versorgungsleistung ergibt sich aus den Beitragsleistungen und den Investmenterträgen; ein Bewertungsproblem stellt sich nicht.

Bewertung: Defined benefit plan

Zusagen im Rahmen eines defined benefit plan machen eine Bewertung erforderlich, auch wenn die Altersversorgung über Fonds abgewickelt wird.

1. Empfohlenes Verfahren:

Anwartschaftsbarwertverfahren (defined benefit valuation method). Als Aufwand verrechnet wird der Barwert der jährlich nach der Leistungsformel „erdienten" Ansprüche (current service cost). Liegt eine Abwicklung über einen Fonds vor, gelten die errechneten current service cost als Aufwand, nicht aber die geleisteten Zahlungen an den Fond. Erfolgt die Finanzierung über Rückstellungsbildung, bemißt sich die Rückstellung nach dem Endwert der bis zum Bewertungsstichtag erdienten Ansprüche.

2. Zulässiges Verfahren:

Anwartschaftsdeckungsverfahren (accrued benefit valuation method). Der Aufwand wird gleichmäßig über die Jahre verteilt (Gleichverteilungsverfahren). Die Rückstellung ergibt sich als Differenz zwischen dem Barwert künftiger Pensionsleistungen (Deckungskapital) und dem Barwert noch ausstehender Gegenleistungen des Arbeitnehmers (fiktive Jahresprämien).

3. Unzulässige Verfahren:

Unzulässig sind solche Verfahren, die keine Anwartschaftsfinanzierung gestatten, sondern die Rentenzahlungen direkt als Aufwand behandeln (*pay-as-you-go*) oder eine Rückstellungsbildung erst bei Eintritt des Versorgungsfalls zulassen (*terminal funding*).

Trendannahmen

Unabhängig vom gewählten Verfahren (Anwartschaftsbarwert- oder Anwartschaftsdekkungsverfahren) sollten widerspruchsfreie, langfristig angelegte Trendannahmen hinsichtlich zukünftiger Gehaltsentwicklungen, Inflationsraten und Kapitalrenditen berücksichtigt werden.

Rechnungszins

Als Rechnungszins muß ein Kapitalmarktzins („settlement rate") gewählt werden, der sich an der Fristigkeit der Verpflichtung orientiert und kompatibel mit den zugrundegelegten versicherungsmathematischen Prämissen ist.

Offenlegungspflichten

Defined contribution plan

- Beschreibung des Versorgungsplans inkl. der berechtigten Arbeitnehmergruppen;
- Pensionsaufwand der Periode;
- Maßgebliche Sachverhalte, die die Periodenvergleichbarkeit erschweren.

Defined benefit plan

- Beschreibung des Versorgungsplans incl. der davon begünstigten Arbeitnehmergruppen;
- Erläuterung der Bilanzierungsmethode sowie der zugrunde gelegten versicherungsmathematischen Methoden;
- Durchführungsweg;
- Altersversorgungsaufwendungen der Periode;
- Gegenwartswert der Versorgungszusage;
- Fondsvermögen;
- Unterdeckungen;
- Höhe unverfallbarer Versorgungsverpflichtungen;
- Datum der letzten Bewertung, Zeitabstände zwischen den Bewertungen;
- sonstige bedeutsame Vorgänge im Zusammenhang mit Altersversorgungsleistungen.

KOMPATIBILITÄT MIT HGB:

1. Nach GoB bzw. Steuerrecht (§ 6a EStG) hat sich der Rechnungszins zwischen 3 und 6 % zu bewegen. Der Rechnungszins nach IAS entspricht den aktuellen Kapitalmarktkonditionen und ist dementsprechend volatil.
2. Die Trendannahmen stehen im Widerspruch zum deutschen Stichtagsprinzip.

Bilanzierungsvorschrift: **IAS 20: Accounting for Government Grants and Disclosure of Government Assistance (Bilanzierung öffentlicher Zuschüsse)**
gültig: seit 01.01.1984

Grundlagen

Öffentliche Zuschüsse und anderen Formen staatlicher Beihilfe dürfen erst dann bilanziell erfaßt werden, wenn das Unternehmen die notwendigen Anspruchsvoraussetzungen erfüllt und zu erwarten ist, daß dem Unternehmen die Beihilfen tatsächlich gewährt werden. Wird eine Subvention rückzahlungspflichtig, z. B. weil bestimmte Bedingungen nicht eingehalten wurden, sollte dies als Änderung einer Bilanzierungsannahme ausgewiesen werden (vgl. IAS 8).

Die Zuschüsse sind nicht direkt dem Eigenkapital zuzuschreiben, sondern in der Gewinn- und Verlustrechnung systematisch über jene Perioden zu vereinnahmen, in denen sie entsprechende Aufwendungen kompensieren. Unterschieden werden vermögens- und ertragsbezogene Zuschüsse.

Vermögensbezogene Zuschüsse

Vermögensbezogene Zuschüsse können entweder *brutto* als passiver Rechnungsabgrenzungsposten, der dann planmäßig über die Nutzungsdauer des Vermögensgegenstandes erfolgswirksam aufgelöst wird, oder *netto* durch entsprechende Buchwertminderung (und entsprechende Abschreibungsminderung) bilanziell berücksichtigt werden.

Bei Wegfall der Anspruchsvoraussetzungen ist die Subvention i.d.R. zurückzuzahlen. Die Rückzahlung einer vermögensbezogenen Subvention soll in der Weise behandelt werden, daß entweder der Buchwert des betreffenden Vermögensgegenstandes erhöht oder der Rechnungsabgrenzungsposten entsprechend vermindert wird. Die (zusätzlichen) Abschreibungen, die bis zu diesem Zeitpunkt hätten vorgenommen werden müssen, wäre die Subvention nicht gezahlt worden, sind sofort als Periodenaufwand zu erfassen.

Ertragsbezogene Zuschüsse

Eine staatliche Subvention, die in Form eines Betriebskostenzuschusses für bereits angefallene Aufwendungen oder eingetretene Verluste oder zu dem Zweck gewährt wird, dem Unternehmen unverzüglich finanzielle Unterstützung zukommen zu lassen (ertragsbezogener Zuschuß), soll in der Gewinn- und Verlustrechnung jener Periode erfaßt werden, in der der Anspruch entsteht. Dabei ist ein gesonderter Ausweis oder ein Ausweis als „sonstiger Ertrag“ vorzunehmen; alternativ wird die Subvention bei den damit verbundenen Aufwendungen in Abzug gebracht.

Bei Rückzahlung einer ertragsbezogenen Subvention ist der entsprechende Betrag mit Guthaben zu verrechnen, die im Wege der Subventionsgewährung entstanden sind. Ein verbleibender Differenzbetrag ist als Periodenaufwand zu berücksichtigen.

Offenlegungspflichten

- Angewandte Methode des Ausweises von Zuschüssen;
- Art und Umfang der im Jahresabschluß erfaßten staatlichen Zuschüsse und ein Hinweis auf andere Formen von Regierungsbeihilfen, die das Unternehmen unmittelbar in Anspruch genommen hat;
- Offenlegung bisher unerfüllter Bedingungen und anderer Unsicherheiten im Zusammenhang mit erfaßten Regierungsbeihilfen.

KOMPATIBILITÄT MIT HGB:

1. Die Verrechnung von ertragsbezogenen Zuschüssen mit den entsprechenden Aufwendungen ist nach § 246 II HGB unzulässig.
2. Weitergehende Offenlegungspflichten als nach HGB.

Bilanzierungsvorschrift: **IAS 21: The Effects of Changes in Foreign Exchange Rates (Währungsumrechnung)**
gültig: seit 01.01.1985, ab 01.01.1995 in neuer Fassung
vorherige Bezeichnung: Accounting for the Effects of Changes in Foreign Exchange Rates

Transaktionen in fremder Währung

Werden Transaktionen in fremder Währung vorgenommen (Außenhandel, Fremdwährungskredite), sind die entsprechenden Beträge mit dem am Tag der Transaktion gültigen Wechselkurs in die Berichtswährung umzurechnen. Gegebenenfalls ist aus praktischen Erwägungen auch ein Wochendurchschnittskurs o. ä. zulässig, der den Stichtagskurs hinreichend approximiert.

Am Bilanzstichtag hat die währungsbedingte Bewertung von Fremdwährungspositionen in der Bilanz nach dem *Zeitbezug* der Wertansätze zu erfolgen, d. h.:

- monetäre Posten werden zum Bilanzstichtagskurs und
- nicht-monetäre Posten zu historischen Kursen (Kurs zum Anschaffungs- oder Herstellungszeitpunkt) bewertet.
- Nicht-monetäre Posten, die zum Zeitwert (fair value) bewertet wurden, sind zu dem am Zeitpunkt der Neubewertung geltenden Wechselkurs umzurechnen.

Umrechnungsdifferenzen

Die Währungsumrechnungsdifferenzen sollten erfolgswirksam erfaßt werden (empfohlenes Verfahren), können alternativ aber auch durch Buchwertanpassungen erfolgsneutral behandelt werden (zulässiges Verfahren).

1. Empfohlenes Verfahren:

Die sich aus der Umrechnung ergebenden Differenzen sind mit zwei Ausnahmen grundsätzlich *erfolgswirksam* zu erfassen. Eine Ausnahme bilden Fremdwährungsforderungen/-verbindlichkeiten gegenüber ausländischen Beteiligungsgesellschaften, deren Rückzahlung in absehbarer Zukunft nicht erwartet werden kann. Hierbei handelt es sich faktisch um eine Erhöhung oder Minderung der Kapitaleinlage in einer ausländischen Gesellschaft. Eine weitere Ausnahme bilden Fremdwährungsverbindlichkeiten, die der Absicherung des Währungsrisikos aus ausländischen Beteiligungen dienen (hedging). In beiden Fällen sind die sich ergebenden Umrechnungsdifferenzen direkt mit der Gewinnrücklage zu verrechnen. Die Realisation von Umrechnungserfolgen erfolgt erst zum Zeitpunkt der Veräußerung der ausländischen Beteiligung.

2. Zulässiges Verfahren:

Alternativ zur erfolgswirksamen Buchung von Umrechnungsdifferenzen wird es auch für zulässig erachtet, die Umrechnungsdifferenzen in den Buchwert von Vermögensgegenständen einzubeziehen, wenn die folgenden Bedingungen gleichzeitig erfüllt sind:

- die Umrechnungsdifferenzen resultieren aus starken Währungsschwankungen, gegen die es faktisch keine Möglichkeit der Kurssicherung gibt;

– die Umrechungsdifferenz betrifft Vermögensgegenstände und korrespondierende Verbindlichkeiten, die sich aus dem Vermögenserwerb in fremder Währung ergeben;
– der berichtigte Buchwert des Vermögensgegenstandes übersteigt nicht den niedrigeren der beiden Werte: Wiederbeschaffungskosten oder Einzelveräußerungswert.

Konzernabschluß: Umrechnung ausländischer Einzelabschlüsse

IAS 21 folgt hier dem Konzept der *Funktionalwährung*: Bei weitgehender *Autonomie der Tochtergesellschaft* gilt die ausländische Landeswährung als Funktionalwährung. Die Währungsumrechnung der ausländischen Tochtergesellschaft erfolgt dann nach der *Stichtagskursmethode*. Im einzelnen gilt:

– sämtliche Vermögensgegenstände und Schulden sind zum Stichtagskurs umzurechnen;
– sämtliche Erträge und Aufwendungen zum jeweiligen Transaktionskurs;
– sämtliche der eigenen Beteiligung zuzurechnenden Umrechnungsdifferenzen sind (bis zum Verkauf der Beteiligung) *erfolgsneutral* zu behandeln; der Minderheitsbeteiligung zuzurechnende Umrechnungsdifferenzen werden dem Minderheitsanteil zugerechnet;
– der bei Konsolidierung entstehende Goodwill sowie aufgedeckte stille Reserven (Lasten) werden entweder als dem Tochterunternehmen zugehörig angesehen und mit dem Stichtagskurs umgerechnet oder als dem Mutterunternehmen zugehörig angesehen und nach dem Zeitbezug umgerechnet (nicht-monetäre Posten zu historischen Kursen).

Ist die ausländische Tochtergesellschaft in den Konzernverbund leistungswirtschaftlich stark *integriert* z. B. als reine Vertriebsgesellschaft, kann die Heimatwährung der Mutter als (dominierende) Funktionalwährung angesehen werden. Die Währungsumrechnung der ausländischen Tochtergesellschaft erfolgt nach der oben geschilderten Bewertung nach dem Zeitbezug (*Zeitbezugsmethode*): d. h. monetäre Posten werden zum Stichtagskurs, nicht-monetäre Posten zu historischen Kursen bewertet.

Jahresabschlüsse von ausländischen Tochtergesellschaften, deren Berichtswährung einer starken Inflation (Hyperinflation) unterliegen, sind vor ihrer Umrechnung in Übereinstimmung mit IAS 29 um die Inflationseffekte zu bereinigen.

Offenlegungspflichten

– im Jahresüberschuß/-fehlbetrag enthaltene Umrechnungsdifferenzen;
– in die Gewinnrücklage eingestellte Beträge und deren weitere Entwicklung;
– der Betrag von Umrechungsdifferenzen, der im Buchwert der Vermögegensgegenstände enthalten ist;
– Gründe für eine von der Währung des Sitzstaates abweichende Berichtswährung sowie für Änderungen der Berichtswährung;

- Veränderte Klassifizierung einer Tochtergesellschaft als integrierte oder autonome Einheit: Gründe, Art und Auswirkung auf das Eigenkapital sowie auf den Jahresüberschuß/-fehlbetrag aller dargestellten Geschäftsjahre;
- Art der Umrechung von Goodwill und der Aufteilung stiller Reserven und Lasten bei autonomen Tochterunternehmen;
- wesentliche Wechselkursänderungen nach dem Bilanzstichtag, wenn ihre „Nicht-Offenlegung" den Aussagewert des Jahresabschlusses verzerren würde;
- die Unternehmen werden desweiteren dazu angehalten, Informationen über die Absicherung gegenüber Wechselkursrisiken offenzulegen.

KOMPATIBILITÄT MIT HGB:

1. Im HGB selbst findet sich keine Regelung zur Fremdwährungsumrechnung (Ausnahme: Rechnungslegung der Kreditinstitute).
2. Die erfolgswirksame Behandlung (unrealisierter) positiver Umrechnungsdifferenzen steht im Widerspruch zum deutschen Realisationsprinzip.
3. Weitergehende Offenlegungspflichten als nach HGB.

Bilanzierungsvorschrift: **IAS 22: Business Combinations (Rechnungslegung bei Unternehmensvereinigungen)**
gültig: seit 01.01.1085, ab 01.01.1995 in neuer Fassung
vorherige Bezeichnung: Accounting for Business Combinations

Grundlagen

IAS 22 behandelt die (Konzern-)Rechnungslegung bei Unternehmensvereinigungen (Konzernierung). Behandelt werden sowohl die Kapitalkonsolidierung bei „normalem" Unternehmenserwerb (Akquisition) als auch die Konsolidierung bei Interessenzusammenführung.

Kapitalkonsolidierung bei Unternehmenserwerb

Eine Konsolidierung hat grundsätzlich dann zu erfolgen, wenn ein „Control-Verhältnis" vorliegt. Eine Ausnahme gilt nur dann, wenn sich eindeutig nachweisen läßt, daß die einheitliche Leitung faktisch nicht ausgeübt werden kann.

Ein *Control-Verhältnis* liegt vor, wenn:

- das Mutterunternehmen unmittelbar oder mittelbar über die Mehrheit der Stimmrechte verfügt oder
- es aufgrund einer Satzungsermächtigung oder eines Beherrschungsvertrages die Leitungsmacht ausüben kann oder
- es die Leitungsorgane des Tochterunternehmens bestimmen kann bzw. selbst über die Mehrheit der Stimmen im Leitungsorgan verfügt.

Die Konsolidierung hat nach der *Erwerbsmethode* (purchase method) zu erfolgen (vgl. dazu 1. Teil Abschn. E.IV.).

1. Empfohlenes Verfahren:

Buchwertmethode, d. h. die stillen Reserven bzw. Lasten werden nur in Höhe des Mehrheitsanteils aufgedeckt, Minderheitenanteile werden zu Buchwerten vor Zusammenschluß angesetzt.

2. Zulässiges Verfahren:

Neubewertungsmethode, d. h. vollständige Aufdeckung stiller Reserven bzw. Lasten, Bewertung des Mehrheits- und Minderheitenanteils zum „fair value".

Goodwill und Badwill

Goodwill: Ein bei Konsolidierung entstehender Goodwill ist zu aktivieren und über eine Nutzungsdauer von grundsätzlich 5, maximal 20 Jahren abzuschreiben. Wertaufholungen sind nicht zulässig.

Badwill: Für die Behandlung des Badwill gibt es eine empfohlene und eine alternativ zulässige Vorgehensweise:

1. Empfohlene Behandlung:

Proportionale Verteilung des Badwill auf die erworbenen nichtmonetären Aktiva; ein überschießender Betrag ist als Badwill (negative goodwill) zu passivieren und als passiver Rechnungsabgrenzungsposten (deferred income) über grundsätzlich 5, maximal 20 Jahre aufzulösen.

2. Zulässige Behandlung:

Der gesamte vorhandene Badwill wird als passiver Rechnungsabgrenzungsposten passiviert und über 5, maximal 20 Jahre aufgelöst.

Besondere Vertragsbedingungen

Es kann vorkommen, daß der Kaufvertrag Bestimmungen enthält, nach denen der Kaufpreis abhängig gemacht wird von bestimmten, zukünftig eintretenden *Bedingungen* (z. B. der Höhe künftig erzielter Erträge). Ist die Höhe der sich ergebenden Änderung der Akquisitionskosten zuverlässig schätzbar und wahrscheinlich, sollte eine sofortige Einbeziehung bei Erstkonsolidierung erfolgen. Tritt die entsprechende Bedingung allerdings nicht ein, muß eine gegenläufige Anpassung (mit Auswirkung auf den gebildeten Good- bzw. Badwill) erfolgen. Desgleichen hat eine Anpassung zu erfolgen, wenn eine zuvor ausgehandelte Bedingung aufgehoben wird und sich daraus eine Kaufpreisänderung (die zuverlässig schätzbar ist) ergeben wird. Auch hier ist eine Anpassung des Good- bzw. Badwill vorzunehmen.

Weitere Anpassungen haben zu erfolgen, wenn sich im Laufe eines Jahres nach dem Erwerbszeitpunkt herausstellt, daß einzelne Aktiva oder Passiva falsch bewertet wurden bzw. sich erst jetzt bestimmte Aktiva oder Passiva als „identifiable" herausstellen. Die entsprechende Anpassung von Good- bzw. Badwill darf nur dann erfolgen, wenn sie durch zukünftige positive Ertragsaussichten gedeckt ist. Ansonsten sind die Anpassungen über die Gewinn- und Verlustrechnung zu buchen.

Kapitalkonsolidierung bei Interessenzusammenführung

Läßt sich im Zuge eines Unternehmenszusammenschlusses kein dominierender Erwerber feststellen, sondern werden Interessen in der Form zusammengeführt (pooling of interest), daß den Aktionären der am Zusammenschluß beteiligten Gesellschaften gemeinsame Rechte und Pflichten an dem neu entstandenen Zusammenschluß zustehen, so hat die Konsolidierung nach der Methode der Interessenzusammenführung (uniting of interests) zu erfolgen.

Von *Interessenzusammenführung* ist auszugehen, wenn

- eine wesentliche Mehrheit der Stimmrechtsaktien im Zuge der Zusammenführung getauscht bzw. gepoolt werden,
- der Unternehmenswert („fair value") der beiden beteiligten Gesellschaften in etwa gleich ist und
- den Aktionären beider Gesellschaften vor und nach der Zusammenführung im wesentlichen die gleichen Rechte und Pflichten zustehen.

Bei Konsolidierung nach der pooling of interest-Methode legen die beteiligten Unternehmen in einer aggregierten Form Rechnung, d. h. es soll so bilanziert werden, als wenn sie bereits von der Gründung an in einem Konzernverhältnis gestanden hätten. Dies erreicht man dadurch, daß Vermögensgegenstände und Schulden zu Buchwerten übernommen werden (ggf. nach Anpassungen an einheitliche Bilanzierungs- und Bewertungsmethoden) und ein entstehender Goodwill/Badwill erfolgsneutral mit den Rücklagen verrechnet wird.

Offenlegungspflichten

Allgemeine Offenlegungspflichten im Jahr des Zusammenschlusses

- Firmenname und Beschreibung der sich zusammenschließenden Unternehmen;
- Methoden der Kapitalkonsolidierung;
- Zeitpunkt der Übernahme;
- Aufgabe von Geschäftsaktivitäten aufgrund des Zusammenschlusses;

Weitere Offenlegungspflichten bei Konsolidierung nach der Erwerbsmethode

- prozentualer Anteil der Stimmrechte;
- Höhe der Anschaffungskosten und Beschreibung des bereits gezahlten und des möglicherweise noch zu zahlenden Entgelts;
- Natur und Höhe von Umstrukturierungs- und Stillegungskosten, die aufgrund des Erwerbs entstehen;
- Behandlung eines Goodwill bzw. Badwill;
- Begründung einer über 5 Jahre liegenden Verteilungszeit eines Goodwill bzw. Badwill;
- Grund für die Abweichung von der linearen Verteilung eines Goodwill bzw. Badwill;
- „Goodwill/Badwill-Bestand" zu Beginn des Jahres, deren kumulierte Abschreibung (bzw. Verteilung), hinzugekommene Werte, Amortisation des Geschäftsjahres, Anpassungen aufgrund von künftigen Änderungen, außerplanmäßige Abschreibungen sowie „Goodwill/Badwill-Bestand" und deren kumulierte Abschreibung/Verteilung am Ende des Jahres.
- Offenlegung der Tatsache und ihrer Gründe, daß in bestimmten Fällen der „fair value" der Vermögensgegenstände und Schulden nur vorläufig bestimmt werden kann; wesentliche Anpassungen aufgrund von Informationsänderungen sind ebenfalls offenzulegen und zu erläutern.

Weitere Offenlegungspflichten bei Konsolidierung nach der pooling of interest-Methode

- Beschreibung und Anzahl der herausgegebenen Aktien/Anteile und prozentuale Angabe der jeweils im Rahmen des Zusammenschlusses getauschten Stimmrechtsanteile;
- Betrag der Vermögensgegenstände und Schulden jedes der beteiligten Unternehmen;
- Umsatzerlöse, andere betriebliche Erträge, außerordentliche Aufwendungen/Erträge, Jahresüberschuß/-fehlbetrag der einzelnen beteiligten Unternehmen bis zum Übernahmezeitpunkt, die jetzt im Konzernabschluß ausgewiesen werden.

Für Zusammenschlüsse, die nach dem Bilanzstichtag, jedoch vor der Veröffentlichung des Konzernabschlusses erfolgen, sollten alle o.g. Informationen offengelegt werden, wenn sie eine solche Bedeutung haben, daß eine Nichtveröffentlichung den Informationsinteressen der Bilanzadressaten widersprechen würde (vgl. hierzu IAS 10). Ist es u. U. nicht möglich, die betreffenden Informationen zu gewähren, ist darauf gesondert hinzuweisen.

KOMPATIBILITÄT MIT HGB:

1. Die Voraussetzungen für die Anwendung der pooling-of-interest-Methode sind im HGB enger gehalten.
2. Die Antizipation des künftigen Eintritts von Vertragsbedingungen bei der Erstkonsolidierung widerspricht dem deutschen Stichtagsprinzip.
3. Ein bei der Konsolidierung entstehender passivischer Unterschiedsbetrag darf nur unter den in § 309 III HGB genannten Bedingungen aufgelöst werden.
4. Die Offenlegungspflichten gehen über das deutsche Recht hinaus.

Bilanzierungsvorschrift: **IAS 23: Borrowing Costs (Fremdkapitalkosten)**
gültig: seit 01.01.1986, ab 01.01.1995 in neuer Fassung
vorherige Bezeichnung: Capitalisation of Borrowing Costs

Ansatz

Der Begriff der Fremdkapitalkosten umfaßt neben Zins und Disagio sämtliche anderen mit der Fremdkapitalaufnahme verbundenen Kosten.

1. Empfohlenes Verfahren:

Behandlung der Fremdkapitalkosten als Aufwand.

2. Zulässiges Verfahren:

Eine Aktivierung darf erfolgen, wenn die Fremdkapitalzinsen im Zusammenhang mit besonderen Anlagen im Bau (qualifying assets) stehen. Hierunter fallen i. S. des IAS 23 Vermögensgegenstände, deren Verwertbarkeit erst nach geraumer Zeit gegeben ist. Als qualifying assets gelten z. B. auch Waren mit einer langen Reifezeit (z. B. Spirituosen).

Die Aktivierung von Fremdkapitalkosten beginnt, wenn die Aufwendungen für Vermögensgegenstände und die Fremdkapitalkosten entstanden sind und damit begonnen wurde, die Vermögensgegenstände ihrer eigentlichen Bestimmung zuzuführen. Sie soll ausgesetzt werden, wenn die Weiterentwicklung der entsprechenden Vermögensgegenstände längerfristig unterbrochen wird und endet mit der Verwertbarkeit der Vermögensgegenstände.

Bewertung

Die Höhe der aktivierbaren Fremdkapitalkosten läßt sich direkt oder indirekt ermitteln. Eine *direkte Ermittlung* ist immer dann möglich, wenn Fremdkapital speziell für die Anschaffung bzw. Herstellung eines bestimmten Vermögensgegenstandes aufgenommen wurde. Erträge aus einer zwischenzeitlichen Anlage der aufgenommenen Mittel sind dabei von den Fremdkapitalkosten abzuziehen.

Ist eine direkte Zuordnung aufgenommener Mittel zu Vermögensgegenständen nicht möglich, wird ein „Aufzinsungsfaktor“ *indirekt* dadurch ermittelt, daß die in der Periode angefallenen gesamten Fremdkapitalkosten zu dem im gleichen Zeitraum vorhandenen (nicht direkt mit bestimmten Vermögensgegenständen in Beziehung stehenden) Fremdkapital in Beziehung gesetzt werden. Der ermittelte Zinssatz wird den Anschaffungs- bzw. Herstellungskosten des Vermögensgegenstandes hinzugeschlagen, wobei die insgesamt aktivierten Kosten die tatsächlich angefallenen nicht überschreiten dürfen.

Offenlegungspflichten

- Bilanzierungmethode für Fremdkapitalkosten;
- Gesamtbetrag der aktivierten Fremdkapitalkosten;
- Angabe des (indirekt) ermittelten Aufzinsungssatzes.

KOMPATIBILITÄT MIT HGB:

1. Die Aktivierung von Fremdkapitalzinsen ist nach deutschem Recht nur im Rahmen der Herstellungskosten, nicht bei der Bestimmung von Anschaffungskosten zulässig. Die Aktivierung von Nebenkosten der Fremdkapitalbeschaffung ist unzulässig.
2. § 284 II Nr. 5 HGB fordert für Kapitalgesellschaften lediglich die Angabe, ob Fremdkapitalzinsen in die Herstellungskosten einbezogen wurden; eine Quantifizierung oder weitere Offenlegungspflichten werden nicht verlangt.

Bilanzierungsvorschrift: **IAS 24: Related Party Disclosures (Offenlegung der Beziehungen zu verbundenen Unternehmen)**
gültig: seit 01.01.1986

Verbundene Unternehmen

IAS 24 verlangt die Offenlegung der Beziehungen zu wirtschaftlich verbundenen Unternehmen oder Personen. Unternehmen bzw. Personen gelten als verbunden (related party), wenn eine Seite die *einheitliche Leitung* ausübt oder zumindest in der Lage ist, die andere Seite in ihren betrieblichen Entscheidungen *maßgeblich zu beeinflussen.*

IAS 24 bezieht sich auf die folgenden Formen wirtschaftlich verbundener Unternehmen oder Personen:

1. Konzerngesellschaften (Obergesellschaften, Schwestergesellschaften, Tochtergesellschaften);
2. assoziierte Unternehmen (vgl. IAS 28);
3. Personen, die unmittelbar oder mittelbar über Stimmrechte verfügen und einen maßgeblichen Einfluß auf die Unternehmensführung ausüben können, sowie deren engste Familienmitglieder;
4. Führungskräfte einschließlich deren Familienangehörige;
5. Unternehmen, die der einheitlichen Leitung oder dem maßgeblichen Einfluß der in 3. und 4. genannten Personenkreise unterliegen.

Bei verbundenen Unternehmen besteht die Möglichkeit, zum eigenen Vorteil einen Einfluß auf Entscheidungen abhängiger Unternehmen auszuüben. Dies betrifft beispielsweise die Preisgestaltung bei Lieferungen und Leistungen zwischen verbundenen Unternehmen (Problem der Konzernverrechnungspreise). Unentgeltliche Dienstleistungen eines verbundenen Unternehmens können den Einzelabschluß einer Tochter- oder Schwestergesellschaft u. U. deutlich beeinflussen.

Offenlegung

Leistungswirtschaftliche oder finanzwirtschaftliche Transaktionen zwischen verbundenen Unternehmen oder Personen können offengelegt werden. Liegt die Möglichkeit der Beherrschung vor, ist die entsprechende wirtschaftliche Beziehung offenzulegen.

Bei Transaktionen zwischen verbundenen Unternehmen oder Personen ist es angemessen, die folgenden Informationen zu veröffentlichen:

- Beschreibung der verbundenen Unternehmen/Personen, der gegenseitigen Beziehungen und der Art der durchgeführten Transaktionen;
- Hinweis auf die Auswirkungen der durchgeführten Transaktionen auf die Vermögens-, Finanz- und Ertragslage;
- Darlegung der Gesamtbeträge, der ausstehenden Beträge und der angewandten Preispolitik;

– Bei der Offenlegung können Posten gleicher Art in zusammengefaßter Form offengelegt werden, es sei denn, ein getrennter Ausweis ist für das Verständnis der Auswirkungen auf den Jahresabschluß der berichtenden Gesellschaft notwendig.

KOMPATIBILITÄT MIT HGB:

1. Der Begriff „related party" ist weiter gefaßt als der deutsche Begriff der „verbundenen Unternehmen".
2. Forderungen und Verbindlichkeiten sowie bestimmte Posten der GuV, die verbundene Unternehmen betreffen, sind nach HGB gesondert auszuweisen. Das gleiche gilt für nicht in der Bilanz erscheinende sonstige finanzielle Verpflichtungen (§ 285 Nr. 3 HGB).

Bilanzierungsvorschrift: **IAS 25: Accounting for Investments (Bilanzierung von Investments)**
gültig: seit 01.01.1987

Investments

Investments sind (nicht-betriebsnotwendige) Anlagen, die der Erzielung von Einkommen in Form von Zinsen, Dividenden oder Mieten dienen. Investments umfassen neben Finanzanlagen auch Anlagen in Grundstücke, Gebäude u.ä. Ausdrücklich nicht behandelt werden in IAS 25 Investments in Tochtergesellschaften, Joint Ventures, immaterielles Anlagevermögen, Finanzierungsleasing und Pensionsfonds.

Es wird zwischen Investments des Umlauf- und des Anlagevermögens unterschieden. Erstere umfassen Vermögensgegenstände, die kurzfristig liquidierbar sind oder vom Unternehmen nicht länger als ein Jahr gehalten werden.

Investments des Umlaufvermögens

Kurzfristige Investments sind entweder zu Marktpreisen oder nach dem Niederstwertprinzip (lower of cost and market) zu bewerten. Der Niederstwert ist entweder durch eine Gruppen- oder eine Einzelbewertung festzustellen. Werden Investments des Umlaufvermögens zu Marktpreisen bewertet, so sind die Werterhöhungen oder Wertminderungen im allgemeinen erfolgswirksam zu verrechnen. Alternativ ist es aber auch zulässig, die Wertänderungen erfolgsneutral in eine Neubewertungsrücklage einzustellen.

Investments des Anlagevermögens

Langfristige Investments sind mit den Anschaffungskosten oder mit dem Betrag zu bewerten, der sich aufgrund einer Neubewertung ergibt. Handelt es sich um börsennotierte Wertpapiere, so können diese nach dem Niederstwertprinzip behandelt werden. Der Niederstwert ist durch eine Portfoliobewertung festzustellen.

Eine Neubewertung darf nur dann vorgenommen werden, wenn sie gleichzeitig für eine vollständige Gruppe von Anlagen erfolgt und der Neubewertung ein planmäßiges Vorgehen zugrunde liegt. Dauerhafte Wertminderungen sind im Wege der Einzelbewertung zu berücksichtigen.

Aufwertungen aufgrund einer Neubewertung langfristiger Investments sind separat zu zeigen und der Neubewertungsrücklage zuzuführen. Spätere Abwertungsverluste sind mit dieser Rücklage zu verrechnen. Darüber hinausgehende Wertminderungen sind erfolgswirksam zu behandeln.

Bei einem Verkauf der Investments geht die Differenz zwischen Buchwert und Verkaufserlös in die Gewinn- und Verlustrechnung ein. Wurde auf die Möglichkeit der Neubewertung zurückgegriffen, ist beim Abgang des Vermögensgegenstandes die Neubewertungsrücklage aufzulösen; ein ggf. verbleibender Restbetrag wird entweder ergebniswirksam aufgelöst oder direkt (erfolgsneutral) dem Gewinnvortrag zugeführt.

Umgruppierungen

IAS 25 behandelt im Detail die Bewertungsvorgänge bei Umgruppierungen der Investments zwischen Anlage- und Umlaufvermögen.

Investmentgesellschaften

Unternehmen, deren Hauptzweck das Investmentgeschäft ist, haben die gleichen Regeln anzuwenden, mit der Ausnahme, daß kurz- und langfristige Investments auf der Basis von Gruppenbewertungen bewertet werden dürfen und Veräußerungsgewinne/-verluste ergebnisneutral direkt ins Eigenkapital eingestellt werden dürfen.

Offenlegungspflichten

- Angewandte Bewertungsmethoden sowie die Ausübung der Wahlrechte im Hinblick auf die Neubewertungsrücklage;
- bedeutsame Einkommensbeträge in Form von Zinsen, Dividenden, Mieterträgen sowie Gewinne und Verluste aus der Veräußerung bzw. Wertveränderung kurzfristiger Anlagen;
- der Marktpreis börsengängiger Wertpapiere, wenn diese zu Anschaffungskosten bilanziert sind;
- der Marktwert von Investments in der Form von Sachanlagen, wenn diese mit einem anderen Wert bilanziert wurden;
- Beschränkungen hinsichtlich der Verfügbarkeit oder Realisierbarkeit von Erträgen;
- Datum, Betrag und Methode der Neubewertung;
- Veränderungen der Neubewertungsrücklage in der Periode sowie Art der Veränderung;
- Investmentgesellschaften müssen zusätzlich noch eine Analyse ihres Investment-Bestandes (Portfolio) offenlegen.

KOMPATIBILITÄT MIT HGB:

Strikte Geltung des Anschaffungskostenprinzips nach HGB, d. h. eine über die fortgeführten Anschaffungskosten hinausgehende Neubewertung ist unzulässig.

Bilanzierungsvorschrift: **IAS 26: Accounting and Reporting by Retirement Benefit Plans (Altersversorgungspläne: Rechnungslegung und Berichterstattung)**
gültig: seit 01.01.1988

Grundlagen

Altersversorgungspläne (Leistungsordnungen) sind formelle oder informelle Vereinbarungen, nach denen ein Arbeitgeber seinen Arbeitnehmern nach der Beendigung des Arbeitsverhältnisses bestimmte Versorgungsleistungen zukommen läßt. Dabei kann es sich um *defined contribution plans* (beitragsorientierte Zusagen) oder um *defined benefit plans* (leistungsorientierte Zusagen) handeln. IAS 26 steht in engem Bezug zu IAS 19 (Retirement Benefit Costs).

Defined Contribution Plan

Die Höhe der Versorgungsleistung orientiert sich nicht an einer Leistungsformel, sondern an festgelegten Beitragssätzen. Beitragsorientierte Zusagen werden gewöhnlich über Pensionsfonds abgewickelt. Die Höhe der Versorgungsleistung bemißt sich in diesem Fall nach der Höhe der an den Fonds gezahlten Beiträge und den Investmenterträgen des Fonds. Die Beitragszahlungen sind Aufwand der jeweiligen Periode. Ziel der Berichterstattung ist es, den Begünstigten und dem Arbeitgeber Informationen über den Leistungsplan und die Fondsrendite zur Verfügung zu stellen.

Defined Benefit Plan

Die Höhe der Versorgungsleistung orientiert sich an einer Leistungsformel, die sich an den Bezügen und/oder den Dienstjahren, mithin an den „Leistungen" des Arbeitnehmers für die Unternehmung, ausrichtet. Leistungsorientierte Zusagen können über Fonds oder über Pensionsrückstellungen abgewickelt werden. Die Aufwandsverteilung erfolgt mit Hilfe unterschiedlicher Verfahren: dem Anwartschaftsbarwert- oder dem Anwartschaftsdeckungsverfahren (vgl. IAS 19).

In gewissen zeitlichen Abständen sind versicherungsmathematische Bewertungsgutachten notwendig, um den Barwert der Pensionszusagen zu ermitteln und zukünftige Beitragshöhen festzulegen.

Barwert der Versorgungsleistungen

Der Barwert kann auf Grundlage des gegenwärtigen oder des zukünftigen Lohnniveaus (Trendannahme) berechnet werden. Ein Gutachten zu Ende eines jeden Geschäftsjahres ist nicht vorgeschrieben; das jeweils aktuellste Gutachten sollte der Bewertung zugrunde gelegt werden; der Stichtag der jüngsten Bewertung ist anzugeben.

Bewertung des Fondsvermögens

Die Bewertung des Fondvermögens erfolgt zum beizulegenden Wert (fair value). Bei börsengängigen Wertpapieren ist hierunter der Marktwert zu verstehen. Wertpapiere mit festem Rückzahlungskurs können auch mit dem Rückzahlungskurs bewertet werden. Ist eine sachgerechte Schätzung des fair value nicht möglich, sind die Gründe offenzulegen. Werden andere Vermögensgegenstände mit Werten erfaßt, die vom fair value bzw. vom Marktwert abweichen, dann sind die Marktwerte zusätzlich offenzulegen.

Offenlegungsempfehlungen

IAS 26 gebietet die Offenlegung der Beschreibung der Leistungsordnung, entweder als Bestandteil des Jahresabschlusses oder als eigenständiger Bericht. Darüber hinaus werden eine Vielzahl von Offenlegungen empfohlen:

- Eine Aufstellung des Vermögens, das zur Zahlung der Versorgungsansprüche zur Verfügung steht (Vermögensgegenstände am Ende der Periode und Bewertungsmethoden, etc.);
- Darstellung der Entwicklung dieses Vermögens (Beiträge von Arbeitgebern und Arbeitnehmern, Erträge aus den Investitionen, andere Einkommen, bezahlte Leistungen, administrative und andere Kosten, Einkommensteuern, Gewinne und Verluste aus dem Abgang von Investitionen oder Wertveränderungen, Transfers zu oder von anderen Plänen);
- eine Darstellung der Dotierungspolitik;
- eine Zusammenfassung der wesentlichen Bilanzierungs- und Bewertungsgrundsätze;
- eine Beschreibung des Altersversorgungsplans mit folgenden Angaben: Firmenname des Arbeitgebers sowie der berechtigten Arbeitnehmergruppen, Anzahl der Begünstigten, Art des Plans: defined contribution oder defined benefit, ob die Begünstigten Beiträge leisten, eine Beschreibung der zugesagten Leistungen, eine Beschreibung von möglichen Gründen für die Beendigung des Plans, eingetretene Veränderungen der genannten Punkte.

Zusätzliche Offenlegungsempfehlungen für leistungsorientierte Zusagen (defined benefit plan):

- eine Übersicht der für die Leistungen zur Verfügung stehenden net assets (Reinvermögen);
- der versicherungsmathematische Barwert der zugesagten Leistungen;
- die Differenz zwischen net assets und Barwert sowie die Veränderungen im Vergleich zum Vorjahr. Der Barwert und dessen Veränderungen können auch gesondert dargestellt werden, oder es kann ein gesonderter Bericht eines Versicherungsmathematikers beigefügt werden;
- Beschreibung der für die Ermittlung des Barwerts der zugesagten Pensionsleistungen zugrunde gelegten versicherungsmathematischen Annahmen und Methoden.

KOMPATIBILITÄT MIT HGB:

Die Unternehmen müssen nach § 284 II Nr. 1 HGB die Bilanzierungs- und Bewertungsmethoden angeben. Es sind daher die versicherungsmathematischen Grundlagen sowie die Berechnungsmethode für die Pensionsrückstellungen einschließlich etwaiger Berücksichtigungen steuerlicher Einflüsse anzugeben. Methodenabweichungen im Vergleich zum Vorjahr sind nach § 284 II Nr. 3 HGB zusätzlich zu begründen. Außerdem sind gemäß Art. 28 II EGHGB Fehlbeträge im Anhang anzugeben.

Bilanzierungsvorschrift: IAS 27: Consolidated Financial Statements and Accounting for Investments in Subsidiaries (Konzernrechnungslegung)
gültig: seit 01.01.1990

Konsolidierungspflicht und Konsolidierungskreis

In den Konzernabschluß einzubeziehen sind alle inländischen und ausländischen Tochterunternehmen (*Weltabschlußprinzip*), die der einheitlichen Leitung der Muttergesellschaft unterliegen. IAS 27 steht in einem engen Zusammenhang zu IAS 22 (Business Combinations).

Die Muttergesellschaft wird von der Pflicht zur Erstellung eines eigenen Konzernabschlusses *befreit*, wenn eine Obergesellschaft der betreffenden Muttergesellschaft einen befreienden Konzernabschluß erstellt und

- die Muttergesellschaft eine 100%ige Tochtergesellschaft der betreffenden Obergesellschaft ist oder
- die Muttergesellschaft eine nahezu 100%ige Tochtergesellschaft der betreffenden Obergesellschaft ist („virtually wholly owned") und die Zustimmung der Minderheitsaktionäre vorliegt, auf den eigenen Konzernabschluß zu verzichten.

Die *einheitliche Leitung* durch das Mutterunternehmen wird dann (widerlegbar) anzunehmen sein, wenn:

- das Mutterunternehmen unmittelbar oder mittelbar über die Mehrheit der Stimmrechte verfügt oder
- es aufgrund einer Satzungsermächtigung oder eines Beherrschungsvertrages die Leitungsmacht ausüben kann oder
- es die Leitungsorgane des Tochterunternehmens bestimmen kann bzw. selbst über die Mehrheit der Stimmen im Leitungsorgan verfügt.

Eine abweichende Tätigkeit des Tochterunternehmens oder mit der Konsolidierung verbundene hohe Kosten rechtfertigen keine Befreiung von der Konsolidierungspflicht. Die Einbeziehung in den Konzernabschluß hat vom Tag des Erwerbs der Beteiligung an zu erfolgen.

Nicht einzubeziehen sind Konzernunternehmen, bei denen die Leitungsmacht zeitlich befristet ist, die Beteiligung nur zum Zwecke der baldigen Veräußerung gehalten wird bzw. die Tochtergesellschaft unter schwerwiegenden Beschränkungen operiert, die den Transfer finanzieller Mittel zur Mutter erheblich erschweren.

Die Jahresabschlüsse der Tochterunternehmen sollten nach Möglichkeit zum Bilanzstichtag des Mutterunternehmens erstellt werden und dürfen nicht mehr als drei Monate von diesem Stichtag abweichen. Im Hinblick auf die Auswirkungen bedeutender Ereignisse sind u. U. Berichtigungen vorzunehmen. Auch sind möglichst konzerneinheitliche Bilanzierungs- und Bewertungsgrundsätze anzuwenden.

Konsolidierung

Zur Erstellung des Konzernabschlusses hat eine Kapital- und Schuldenkonsolidierung zu erfolgen. Zwischengewinne und -verluste, die aus Transaktionen zwischen Konzernunternehmen entstehen, sind zu eliminieren.

Die Anteile der Minderheitsaktionäre an Kapital und Ergebnis sind als separate Posten in der Konzern-Bilanz und Konzern-GuV auszuweisen. Der Konzerngewinn ist um das Ergebnis der Minderheitsaktionäre zu bereinigen.

Die den Minderheitsanteilen zuzurechnenden Verluste eines konsolidierten Tochterunternehmens können den Anteil der Minderheits-Aktionäre am Eigenkapital des Tochterunternehmens übersteigen. In diesem Fall ist der Mehrbetrag und jeder weitere, den Minderheitsanteilen zurechenbare Verlust, gegen die Mehrheitsbeteiligung zu verrechnen. Ausgenommen davon ist der Betrag, den die Minderheits-Anteilseigner vertraglich ausgleichen müssen und können. Weist das Tochterunternehmen in der Zukunft Gewinne aus, sind dem Mehrheits-Anteilseigner Gewinne so lange zuzuweisen, bis der dem Mehrheits-Anteilseigner vorher zugerechnete Verlust ausgeglichen ist.

Liegen die o. g. Konsolidierungsvoraussetzungen nicht mehr vor, sind die Anteile nach IAS 28 „Accounting for Investments in Associates" oder nach IAS 25 „Accounting for Investments" im Einzelabschluß zu bilanzieren. Als (neue) Anschaffungskosten der Anteile gelten die Buchwerte am letzten Tag der Konsolidierungsperiode.

Offenlegungspflichten

Konzernabschluß

- Gründe der Nichtkonsolidierung von Tochterunternehmen;
- Liste bedeutender Tochterunternehmen, einschließlich Name, Gründungs- und Sitzstaat, Kapitalanteil und – falls abweichend – Stimmrechtsanteil;
- Konsolidierungsgrundlage bei Töchtern, an denen die Mutter nicht unmittelbar oder mittelbar mehrheitlich beteiligt ist;
- Name von Unternehmen, an denen eine (unmittelbare oder mittelbare) Mehrheitsbeteiligung vorliegt, die aber aufgrund des Fehlens des „Control-Verhältnisses" nicht als Tochterunternehmen einbezogen werden;
- Auswirkungen der Anschaffung und des Verkaufs von Tochterunternehmen auf das Ergebnis mit Vergleich zum Vorjahr;
- Name und Sitz des einen befreienden Konzernabschluß erstellenden Mutterunternehmens;
- Hinweis auf nicht erfolgte Bilanzierungs- bzw. Bewertungsanpassungen mit Angabe zum Ausmaß der nicht erfolgten Anpassung.

Einzelabschluß des Mutterunternehmens

- Angabe der jeweils angewandten Bewertungsmethode.

KOMPATIBILITÄT MIT HGB:

1. Die Pflicht zur Einbeziehung ohne Rücksicht auf die dabei entstehenden Kosten steht im Widerspruch zu § 296 I Nr. 2 HGB.
2. Im Gegensatz zu IAS gewährt das HGB Ausnahmen von der Pflicht zur Zwischenergebniseliminierung (§ 304 II und III HGB).
3. Im Gegensatz zu IAS gewährt das HGB Ausnahmen von den Offenlegungspflichten (§ 313 III HGB).

Bilanzierungsvorschrift: **IAS 28: Accounting for Investments in Associates (Bilanzierung von Beteiligungen an assoziierten Unternehmen)**
gültig: seit 01.01.1990

Assoziierte Unternehmen

Beteiligungen werden nach IAS 28 als assoziierte Unternehmen qualifiziert, wenn ein *maßgeblicher Einfluß* (significant influence) auf die Geschäftspolitik des Beteiligungsunternehmens ausgeübt werden kann. Eine einheitliche Leitung (Tochtergesellschaft) oder gemeinschaftliche Leitung mit Dritten (Gemeinschaftsunternehmen) darf nicht vorliegen.

Ein maßgeblicher Einfluß wird widerlegbar vermutet bei einer (unmittelbaren oder mittelbaren) Beteiligungsquote von mindestens 20 %, gemessen an den Stimmrechtsanteilen. Ein maßgeblicher Einfluß ist ferner anzunehmen, wenn

- das Unternehmen die Geschäftspolitik des Beteiligungsunternehmens mitbestimmt oder
- das Unternehmen einen Sitz in den maßgeblichen Verwaltungsgremien des Beteiligungsunternehmens innehat oder
- beträchtliche leistungswirtschaftliche, finanzwirtschaftliche oder personelle Transaktionen zwischen den Unternehmen stattfinden oder
- das Unternehmen dem Beteiligungsunternehmen wichtige technische Informationen zur Verfügung stellt.

Equity-Methode

Beteiligungen an assoziierten Unternehmen sind im *Konzernabschluß* nach der Equity-Methode zu bewerten. Davon ist lediglich dann abzusehen, wenn

- die Beteiligung ausschließlich zur baldigen Veräußerung gehalten wird,
- ein maßgeblicher Einfluß nicht mehr vorliegt oder
- langfristige dauerhafte Beschränkungen Transfers zwischen dem assoziierten Unternehmen und dem Investor ausschließen.

In diesen Fällen ist nach der Anschaffungskostenmethode zu bilanzieren, wobei in den beiden letzten Fällen als Anschaffungskosten der Buchwert zum Zeitpunkt des Verlustes des maßgeblichen Einflusses gilt.

Liegt ein Konzernabschluß vor, ist im Einzelabschluß entsprechend dem Ansatz im Konzernabschluß zu bilanzieren, d.h. assoziierte Unternehmen sind nach der Equity-Methode zu bilanzieren. Existiert kein Konzernabschluß, ist es auch zulässig, zu Anschaffungskosten zu bilanzieren oder eine Neubewertung vorzunehmen (vgl. hierzu die Vorschriften zur Bilanzierung von langfristigen Anlagen nach IAS 25).

Die der Equity-Bewertung unterworfenen Einzelabschlüsse der Beteiligungsunternehmen sollten möglichst nach einheitlichen Standards erstellt werden.

Offenlegungspflichten

- Wird im Einzelabschluß das Wahlrecht ausgeübt, die Anschaffungskostenmethode bzw. die Neubewertung zu nutzen, sind die Bewertungsabweichungen zur Equity-Methode offenzulegen;
- Auflistung der Beteiligungen an assoziierten Unternehmen mit Angabe der Beteiligungsverhältnisse und – falls abweichend – Stimmrechtsverhältnisse;
- angewandte Bewertungsmethoden;
- separate Offenlegung der mittels Equity-Methode bilanzierten Unternehmen als langfristige Anlagen in der Bilanz sowie separater Gewinn-/Verlustausweis in der Gewinn- und Verlustrechnung;
- Unterliegen die der Equity-Methode zugrunde gelegten Einzelabschlüsse nicht gleichen Standards und werden auch keine Anpassungen vorgenommen, ist dies offenzulegen.

KOMPATIBILITÄT MIT HGB:

1. Beteiligungen an assoziierten Unternehmen sind nach deutschem Recht im Einzelabschluß zwingend mit ihren Anschaffungskosten bzw. ihrem niedrigeren beizulegenden Wert zu bewerten. Die Anwendung der Equity-Methode oder eine Neubewertung ist nicht gestattet.
2. In der deutschen Konzernbilanz ist die Anwendung der Equity-Methode für Beteiligungen an assoziierten Unternehmen vorgeschrieben. Die Bewertung kann dabei nach der Buchwertmethode (§ 312 I Nr. 1 HGB) oder der Kapitalanteilsmethode (§ 312 I Nr. 2 HGB) erfolgen.

Bilanzierungsvorschrift: **IAS 29: Financial Reporting in Hyperinflationary Economies (Rechnungslegung in Hochinflationsländern)**
gültig: seit 01.01.1990

Hochinflation

Unternehmen mit Standort in Hochinflationsländern haben die Bilanzierung so vorzunehmen, daß die jeweiligen Wertansätze das aktuelle Preisniveau bzw. die aktuelle Kaufkraft am Bilanzstichtag widerspiegeln. IAS 29 ergänzt IAS 15 (Information Reflecting the Effects of Changing Prices).

IAS 29 liefert keine exakten Schwellenwerte für Inflationsraten, mit denen der Begriff „Hochinflation" inhaltlich genau festgelegt werden könnte. Als wichtige Hinweise auf das Vorliegen von Hochinflation gelten die folgenden Umstände:

- Ersparnisse werden primär in ausländischer Währung oder in Form von Sachwerten gehalten;
- Geldbeträge und Preise werden zum großen Teil in stabiler Auslandswährung ausgedrückt;
- Zinsen, Löhne und Preise sind an einen Preisindex gekoppelt;
- die kumulierte Inflationsrate über 3 Jahre beträgt mindestens 100 %.

Bewertung

Bilanzposten, die nach dem Nominalwertprinzip bewertet wurden, sind mit einem *allgemeinen Preisindex* auf die Wertverhältnisse am Bilanzstichtag umzubewerten. Der Preisindex soll dabei so bestimmt werden, daß er Veränderungen der allgemeinen Kaufkraft widerspiegelt. Läßt sich in Ausnahmefällen ein solcher Index nicht bestimmen, ist er z. B. über den Kaufkraftparitätenzusammenhang des Wechselkurses zu schätzen. Erfolgt die Bilanzierung gem. IAS 15 bereits nach dem Konzept der Substanzerhaltung (Zeitwertmethode bzw. current cost accounting), sind keine Umbewertungen erforderlich.

Die Bilanzierung nach IAS 29 soll erstmalig in dem Geschäftsjahr erfolgen, in dem die Hochinflation diagnostiziert wird. Neben den aktuellen Werten des Geschäftsjahres sind auch die im Jahresabschluß des Geschäftsjahres anzugebenden Vorjahreszahlen anzupassen. Die Bilanzierung nach IAS 29 wird mit dem Ende der Hochinflation abgeschlossen; in diesem Fall gelten die zuletzt angesetzten Werte als Ausgangsbuchwerte für Folgebilanzen.

Monetäre Posten sind nicht umzubewerten, da sie die am Stichtag vorhandenen Wertverhältnisse (Kaufkraft) bereits widerspiegeln. Gleichermaßen sind Vermögensgegenstände und Schulden, die bereits zu aktuellen Bilanzstichtagswerten angesetzt sind (z. B. aufgrund der Anwendung des Niederstwertprinzips oder einer zum Bilanzstichtag erfolgten Neubewertung), nicht zu indexieren. Liegen für bestimmte Vermögensgegenstände *Preisanpassungsklauseln* vor, sind diese der Umbewertung zugrunde zu legen.

Da sich Inflationsauswirkungen in aller Regel in der Höhe der Fremdkapitalkosten widerspiegeln, ist es unzulässig, fremdfinanzierte Vermögensgegenstände umzubewerten und gleichzeitig die entsprechenden *Fremdkapitalkosten* zu aktivieren. Die Fremdkapitalkosten (Bauzeitzinsen) müssen vielmehr als Aufwand behandelt werden. Die unter bestimmten Voraussetzungen gem. IAS 21 mögliche Einbeziehung von *Fremdwährungsdifferenzen* (aus Darlehensverbindlichkeiten) in den Buchwert der Vermögensgegenstände, ist für Unternehmen, die in einer Hochinflationswährung Rechnung legen, nicht zulässig.

Auch das *Eigenkapital* ist gem. IAS 29 umzubewerten. Nicht in die Umbewertung einbezogen werden aber die Gewinnrücklagen sowie eine evtl. gebildete Neubewertungsrücklage. Als Ausgangspunkt der Indexierung gilt der Zeitpunkt, zu dem die einzelnen Eigenkapitalkomponenten eingebracht wurden bzw. entstanden sind. Die neue Höhe der Gewinnrücklagen ergibt sich als Saldo aus der Umrechnung der restlichen Bilanzpositionen. Entsprechend der Bilanz sind auch alle Posten der *Gewinn- und Verlustrechnung* umzubewerten. Als Basiszeitpunkt gilt der Tag der erstmaligen Erfassung der Erträge und Aufwendungen.

Konsolidierung: Jahresabschlüsse ausländischer Tochtergesellschaften, die in Hochinflationswährung aufgestellt sind, sind zunächst entsprechend der o. g. Vorgehensweise umzubewerten und dann anschließend mit dem Stichtagskurs in die Währung des Konzernabschlusses umzurechnen. Für Beteiligungen an assoziierten Unternehmen gilt das gleiche: Bei Hochinflation sind die Jahresabschlüsse der Beteiligungsunternehmen zuerst umzubewerten und anschließend zum Stichtagskurs umzurechnen.

Offenlegungspflichten

- Angabe, daß der Jahresabschluß dem Kaufkraftverlust entsprechend umbewertet wurde;
- Verluste bzw. Gewinne aus der Nettogeldposition (monetäre Vermögensgegenstände abzüglich monetäre Verbindlichkeiten);
- Angabe, ob die zugrunde gelegten Jahresabschlüsse auf dem Anschaffungskostenprinzip (historical cost approach) beruhen oder ob nach der sog. Zeitwertmethode (current cost approach) bilanziert wurde;
- Art und Höhe des zugrunde gelegten Preisindex sowie seine Entwicklung während der Berichtsperiode und früheren Perioden.

KOMPATIBILITÄT MIT HGB:

Nach HGB ist ein Abweichen vom Nominalwertprinzip (Anschaffungskostenprinzip) unzulässig.

Bilanzierungsvorschrift: **IAS 30: Disclosures in the Financial Statements of Banks and Similar Financial Institutions (Offenlegungen der Kreditinstitute)**
gültig: seit 01.01.1991

Bilanz

Kreditinstitute sind gehalten, Informationen offenzulegen, die es dem Informationsempfänger erlauben, Liquidität, Rentabilität und Risiko der Aktiva und Passiva zu beurteilen. Daher soll die Bilanzgliederung nach Art und Liquidität der einzelnen Aktiv- und Passivposten erfolgen. Separat auszuweisen sind zumindest die folgenden Posten:

Aktiva	Passiva
– Kassenbestand und Guthaben bei Zentralbanken – Öffentliche Schuldtitel und Wechsel, die zur Refinanzierung bei Zentralbanken dienen – Wertpapiere mit baldiger Wiederverkaufsabsicht (dealing securities) – Forderungen an Kreditinstitute – Sonstige Geldmarktpapiere – Forderungen an Kunden – Wertpapiere mit Anlageabsicht (investment securities)	– Verbindlichkeiten gegenüber Kreditinstituten – Sonstige Verbindlichkeiten aus Geldmarktgeschäften – Verbindlichkeiten aus sonstigen Einlagen – Verbriefte Verbindlichkeiten – Eigene Akzepte, Solawechsel und ähnliche Verbindlichkeiten – Sonstige Verbindlichkeiten aus Kapitalmarktgeschäften (other borrowed funds)

Eine Saldierung von Bilanzposten darf nicht vorgenommen werden, es sei denn, es besteht ein entsprechender gesetzlicher Anspruch.

Weichen die Marktwerte der *Wertpapiere* von den jeweiligen Buchwerten ab, sind entsprechende Angaben zu machen. Desweiteren soll eine *Segmentberichterstattung* (z. B. nach Ländern, Branchen, Kunden, Risikokategorien) bei Aktiva und Passiva erfolgen, um Risikopotentiale aufzuzeigen. Die Restlaufzeiten der Aktiva und Passiva sind offenzulegen. Der Betrag bedeutender Fremdwährungsengagements ist darzustellen.

Allgemeine Reserven für Eventualverbindlichkeiten sowie unvorhersehbare Geschäftsrisiken sind als Rücklage gesondert auszuweisen. Die kumulierten Beträge gesicherter Verbindlichkeiten sowie Art und Höhe der zur Sicherheit verpfändeten Vermögensgegenstände sind ebenfalls offenzulegen.

Im Hinblick auf *Wertberichtigungen* der Forderungen und Ausleihungen sind erforderlich: eine Erläuterung der Vorgehensweise bei der Identifikation des Wertberichtigungsbedarfs; die Offenlegung des Gesamtbetrages der Wertberichtigungen am Bilanzstichtag sowie der Gesamtbetrag unverzinster Darlehen.

Gewinn- und Verlustrechnung

Die Aufwendungen und Erträge sind ihren Haupttypen nach aufzugliedern. Eine Saldierung findet nicht statt, es sei denn, dies ist gesetzlich vorgesehen oder es handelt sich um ein Hedging-Geschäft. In der GuV oder im Anhang separat auszuweisen sind zumindest die folgenden Posten:

- Zinserträge und ähnliche Erträge
- Zinsaufwand und ähnliche Aufwendungen
- Dividendenerträge
- Provisionserträge
- Provisionsaufwendungen
- Ergebnis aus Wertpapieren des Umlaufvermögens (dealing securities)
- Ergebnis aus Wertpapieren des Anlagevermögens (investment securities)
- Ergebnis aus Devisenhandel
- Sonstige betriebliche Erträge
- Wertberichtigungen auf Forderungen und Ausleihungen
- Allgemeine Verwaltungsaufwendungen
- Sonstige betriebliche Aufwendungen

Erfolgsunsicherheiten (contingencies) und Verpflichtungen

Offenzulegen sind Art und Betrag bedeutsamer risikobehafteter Kreditengagements. Offenzulegen sind ferner Art und Betrag jener Erfolgsunsicherheiten und Verpflichtungen, die sich aus unterschiedlichen bilanziell nicht erfaßten Transaktionen (off-balance-sheet items) ergeben: z. B. Kreditsubstitute einschließlich Garantien und Bürgschaften, Zins- und Währungsswaps, Optionen und Futures sowie nicht-bilanzierte Kauf- und Verkaufsvereinbarungen. Auch das Fremdwährungsexposure ist auszuweisen.

KOMPATIBILITÄT MIT HGB:

Nach § 340f HGB darf eine Unterbewertung bestimmter Aktiva bis zu 4 % ihres Gesamtbetrages zur Sicherung gegen Risiken als stille Reserve erfolgen. Eine solche Regelung ist nach IAS unzulässig.

Bilanzierungsvorschrift: **IAS 31: Financial Reporting of Interests in Joint Ventures (Bilanzierung von Joint Ventures)**
gültig: seit 01.01.1992

Joint Ventures

Joint Ventures sind vertragliche Vereinbarungen über gemeinsame wirtschaftliche Aktivitäten zwischen zwei oder mehreren Parteien. IAS 31 unterscheidet:

- die gemeinschaftliche Durchführung von Projekten, Arbeitsgemeinschaften u. ä. (jointly controlled operations);
- gemeinschaftliche Verfügung über Anlagen oder Aggregate mit dem Ziel gemeinsamer wirtschaftlicher Tätigkeit (jointly controlled assets);
- die gemeinschaftliche Leitung von Unternehmen, d. h. Gemeinschaftsunternehmen (jointly controlled entities).

Jointly Controlled Operations

Werden Projekte gemeinschaftlich durchgeführt, ohne daß es zur gemeinschaftlichen Verfügung über Vermögensgegenstände kommt, wird das Joint Venture nicht als eigenständige rechnungspflichtige Einheit behandelt. Erträge und Aufwendungen, die aus dem Projekt resultieren, werden nach bestimmten, i.d.R. vertraglich vereinbarten Kriterien auf die am Joint Venture beteiligten Unternehmen aufgeteilt.

Jointly Controlled Assets

Verfügen die am Joint Venture beteiligten Unternehmen über gemeinsam genutzte Vermögensgegenstände oder sind Vermögensgegenstände im gemeinschaftlichen Eigentum der Unternehmen (Bruchteilseigentum oder Gesamthandvermögen), ist der Anteil an den gemeinsam beherrschten Aktiva unter den entsprechenden Bilanzposten auszuweisen.

Auszuweisen sind ferner:

- die als Folge der gemeinschaftlichen Tätigkeit entstandenen Verbindlichkeiten;
- anteilige Erträge aus der gemeinsamen Nutzung der Vermögensgegenstände sowie die entsprechenden anteiligen Aufwendungen;
- sonstige Aufwendungen, die als Folge des Joint Ventures entstehen.

Jointly Controlled Entities

Empfohlene Methode: Bei gemeinschaftlicher Leitung von Unternehmen sind die Vermögensgegenstände und Schulden des Joint Venture quotal in den Konzernabschluß einzubeziehen (Quotenkonsolidierung). Die Anteile an den Vermögensgegenständen und Schulden sowie am Gewinn und Verlust des Joint Ventures können mit den entsprechenden Posten des Konzernabschlusses zusammengefaßt werden oder bei dem jeweiligen Posten in der Konzernbilanz gesondert (davon-Vermerk) ausgewiesen werden.

Zulässige Methode: Alternativ ist für die Bilanzierung eines Gemeinschaftsunternehmens die Equity-Methode gestattet.

Sobald die gemeinsame Leitung entfällt, ist die Quotenkonsolidierung aufzugeben. Entfällt auch der maßgebliche Einfluß, darf auch die Equity-Methode nicht mehr angewandt werden. Wird das Joint Venture zu einem Tochterunternehmen, ist auf die Vollkonsolidierung gem. IAS 27 überzugehen.

Besteht die Absicht des baldigen Weiterverkaufs des Kapitalanteils oder ist die Möglichkeit der Kapitalrepatriierung stark eingeschränkt, so ist das Gemeinschaftsunternehmen gem. IAS 25 (Investments) zu behandeln. Bei Transaktionen zwischen Joint Venture und Gesellschafterunternehmen soll eine anteilsgemäße Realisierung von Gewinnen, jedoch eine volle Verlustrealisierung erfolgen. Erwerben die Gesellschafter von dem Joint Venture Vermögensgegenstände, darf eine (anteilsmäßige) Gewinnrealisierung erst beim Weiterverkauf an fremde Dritte erfolgen, während ein Verlust sofort zu erfassen ist.

Offenlegungspflichten

- Betrag der Eventualverbindlichkeiten aus dem Joint Venture;
- Betrag sonstiger finanzieller Verpflichtungen im Hinblick auf das Joint Venture;
- Angabe der wesentlichen Joint Ventures unter Angabe der Beteiligungsquote.
- Wird die Quotenkonsolidierung so vorgenommen, daß die Vermögensgegenstände und Schulden des Joint Venture nicht mit davon-Vermerken ausgewiesen werden, sind die quotal erfaßten Posten des Joint Venture nach kurz- und langfristigen Aktiva bzw. Passiva sowie Aufwendungen und Erträgen gesondert anzugeben.

KOMPATIBILITÄT MIT HGB:

1. Im Hinblick auf Gemeinschaftsunternehmen bestehen keine prinzipiellen Unterschiede (vgl. § 310 HGB).
2. Unterschiede ergeben sich bei der Behandlung der Gewinn- und Verlustrealisierung bei Transaktionen zwischen Joint Venture und Gesellschafterunternehmen.